BERGGEISTERSAGEN
VON A BIS Z

Allitera Verlag

Band 5 der Buchreihe

KARL-HEINZ HUMMEL ist Autor mehrerer Bücher und schreibt seit Jahrzehnten Lied- und Kabaretttexte sowie Libretti (Singspielfassung *Der Brandner Kaspar* und Operette *Der Kaiser im Rottal*). 2018 wurde er mit dem Ernst-Hoferichter-Preis ausgezeichnet. Zuletzt erschienen von Karl-Heinz Hummel im Allitera Verlag *Obacht Weihnacht!* (2018) und in der Reihe Sagenumwobenes Bayern die Bände *Raunachtssagen aus Bayern und Tirol*, *Wassersagen aus Bayern* und *Wirtshaussagen zwischen Alpen und Donau* (2019) sowie die *Liebessagen aus dem Alpenraum* (2020).

BERND WIEDEMANN illustriert als freiberuflicher Grafiker ausdrucksstark und dynamisch. Der studierte Diplomkommunikationsdesigner ist Dozent für Illustration an diversen Instituten, Vorsitzender des Kunstvereins Gauting e. V. und Günther-Klinge-Preisträger.

KARL-HEINZ HUMMEL

BERGGEISTERSAGEN VON A BIS Z

Aus den bayerischen und
tirolerischen Alpen

Mit Illustrationen von Bernd Wiedemann

Allitera Verlag

Informationen über den Verlag und sein Programm unter:
www.allitera.de

Oktober 2020
Allitera Verlag
Ein Verlag der Buch&media GmbH, München
© 2020 Buch&media GmbH München
Illustration: Bernd Wiedemann
Layout, Satz und Umschlaggestaltung: Franziska Gumpp
Gesetzt aus der Adobe Caslon Pro und der Dax
ISBN 978-3-96233-219-8
Printed in Europe

Allitera Verlag
Merianstraße 24 · 80637 München
Fon 089 13 92 90 46 · Fax 089 13 92 90 65

INHALT

Wie es zu diesem Buch kam 11

A **17**
Almgeister 17
Almen 19
Alperer 22
Ausrauchen 23

B **25**
Beile 25
Berggeister 26
Bergmandl 28
Boandlkramer 31

C **33**
Christianisierung 33

D **36**
Damerl, bluadiger 36
Drachen 36

E **41**
Elfen 41
Eismandl 43
Elben 44

F **46**
Die Fanes und ihr Reich 46
Frauen, wilde (auch Wildfrauen genannt) 49

G	**54**
Geißbock, Geißenbeine und Geißfüße	54
H	**60**
Haldenweibele	60
Hexen	61
Heugabeln, verhexte	66
Der Hoazl	68
I	**72**
Irrlichter	72
Irrwurzen	73
J	**77**
Jäger, versteinerte	77
Jagd, die Wilde	79
K	**83**
Kasermandl	83
Käsertörggelen	87
Kreuzzeichen	88
L	**89**
Leutvertragen	89
Lindwürmer	91
M	**94**
Mandl, wilde	94
Metzenarsch und Martinsdruck	96
Milch- und Schmalzhexen	97

N 99
Nachtvolk 99
Norken 103

O 106
Ötzi und sein Fluch 106

P 109
Percht (auch Bercht) 109

Q 114
Quälgeister 114
Quelljungfrauen 116

R 117
Riesen 117
Rosengarten 124

S 127
Salige 127
Sudl 132

T 134
Teufel 134
Truden 137

U 142
Unholde und Ungeheuer 142

V 145
Venedigermandl 145
Versteinerte Könige, Despoten 148

W **154**
Wegscheidweiblein, Weitwiesenweiberl 154
Wetterhexen 156
Wolpertinger 161
Würmer, auch Beißwürmer, Schindwürmer 162

X **164**
Ein X, mit der Axt in einen Baumstumpf geschlagen ... 164

Y **166**
Yaks und Yeti 166

Z **168**
Zlatorog 168
Zwerge 169

Anhang **172**
Quellenangaben 175

WIE ES ZU DIESEM BUCH KAM

Schritt für Schritt sinkt das Tal unter mir in die Tiefe. Der Schotter knirscht vertraut und reibt sich an den Sohlen der Bergschuhe. Die Beine, die sich anfangs noch unwillig der Sinnlosigkeit des Bergaufgehens widersetzt haben, fügen sich Höhenmeter für Höhenmeter in ihre Aufgabe. Konzentriert auf den eigenen Atem arbeitet sich der Körper den Steig hinauf. Hoch wolkenwärts droben, über die Gipfel hinweg, ziehen weiße Fetzen von Seidenpapier. Die Holzbalken eines Heustadels strecken sich schwarz verbrannt in die Morgensonne. Das Wasser aus dem Brunnen davor füllt die verbeulte Blechflasche, der erste Probeschluck schmeckt eiskaltklar, wunderbar. Der Blick zieht über die im Tal liegenden Häuser, Straßen, Bachläufe und öffnet sich in die Weite.

Alles in mir, reduziert aufs Wesentliche.

Uralte Zirben stehen knorrig im kiesigen Grund und verströmen ihre beruhigenden Düfte. Der Bergwind zieht rotzfrech herauf und frisiert den Latschen die Wimpern. Das Netz der Wege verteilt sich über Flanken, Kämme und Mähder hinüber, hinauf, hinunter, woanders- und irgendwohin. Das Auge späht nach unbekannten Spuren, liest Wolken, Wind und Wetter, entdeckt Zeichen, Hinterlassenschaften. Die Erinnerung kramt im Halbvergessenen herum und holt alte Sagen und Geschichten hervor. Im Ohr hängt wie eine Dauerschleife eine uralte Melodie.

Die Berge bilden enge Hindernisse, querliegende Barrieren und unüberwindliche Sperren, doch wenn man ihnen aufs Haupt steigt, dann lässt man ihre einschüchternde Enge im Tal drunten. Der Blickwinkel weitet sich, wird grenzenlos.

Meine Tour ist auf zwei Tage geplant, sie führt durch ein wenig begangenes Tal hinauf, folgt dem Trockenbach, erstreckt sich auf einem Wiesensteig über eine Hochalmfläche, zieht unter einer versteinerten Granitwoge entlang hoch zum Sattel. Er traversiert hinüber zum Joch, streift einen Wiesengipfel und fällt drei Täler weiter bergab zur Postautohaltestelle an der Passkehre mit der Nummer Elf. So ist der Plan. Nichts Spektakuläres, dafür ruhig und einsam, erst durch eine Almregion, dann über die Waldgrenze in den Zentralalpen hinaus.

Ich bin schon ein paar Stunden unterwegs, ohne Eile, im meditativen Schreiten angekommen, ich habe vor, heute draußen zu schlafen, eine Nacht unter dem angekündigten Sternenhimmel zu verbringen.

So wars geplant, aber: Es kommt anders. Die Wetterlage kippt am späteren Nachmittag doch ins Labile, Indifferente, Unvorhersehbare. Die Wolken sinken immer tiefer, es feuchtelt, nässelt. Was soll man tun? Wieder absteigen oder abwarten und einen Unterschlupf, ein Obdach, suchen?

An der Stelle, wo der Weg vom Wiesigen ins Schroffige wechselt, beschattet von einem Felsüberbau, zieht plötzlich dichter Nebel auf. Auch wenn der Steig nicht zu verfehlen ist, schärfen sich Sinne und Wahrnehmungen und mahnen zur Vorsicht. Die Entfernungen dehnen sich, ziehen sich, jeder Schritt wird bedachter, die Zeit verlangsamt sich.

Aus dem Nebel, kaum fünf Schritte vor mir, tritt plötzlich eine steinerne Behausung heraus, zusammengefügte Felsbrocken unter einem höhlenartigen Dach, grau benässt, aber doch Sicherheit versprechend. Es ist eine alte Hirtenunterkunft, unter diesem Felsvorsprung hineingebaut, halb verfallen und schon Jahre nicht mehr benutzt. Die Tür hängt marod in den Angeln. Die weiße Nebelwand schiebt und meine Neugier zieht mich in das düstere Innere.

Als sich meine Augen an das Halbdunkel gewöhnt haben, sehe ich einen einfachen Tisch und eine Bank, eine offene Feuerstelle und eine aus Brettern gefügte Schlafstelle.

Die Feuerstelle enthält Aschereste. Die umfassenden Steine

sind wärmer als die Raumtemperatur: Hier muss letzte Nacht noch ein Feuer gebrannt haben. Als ich meine Stirnlampe anschalte, fällt der Schein auf eine Petroleumfunzel mit hochdrehbarem Docht, einem flaschenförmigen, verrußten Glaskolben und dahinter einem Spiegel, der das wertvolle Licht nutzbringend reflektieren soll. Luzerna nennt man hier diese Laterne.

Ich überlege schon, ob ich mein Eindringen durch einen leisen Rückzug beenden soll, aber draußen tut es einen Duscherer und drinnen ist es wenigstens trocken. Außerdem ist nichts von einem Bewohner wahrnehmbar. Also: höflich Platz nehmen und unauffällig abwarten.

Mit einem Mal fällt das Licht der Stirnlampe auf einen Gegenstand. Ein Buch, besser gesagt ein kartoniertes Schulheft liegt auf dem Tisch. Neugierig lese ich: »Berggeistersagen« steht auf dem Etikett, handschriftlich. Ich nehme das Heft achtsam in die Hand und blättere vorsichtig darin. Das Papier holzmehlfarben und leicht brüchig, die Schrift sorgfältig geformt und akkurat unter Ausnutzung der gesamten Fläche aufs Papier gesetzt.

Berggeistersagen.

Plötzlich ein Rascheln im hinteren Eck!

Ich lege das Heft sofort wieder zurück. Was ist da drüben? Eine Maus, ein Wiesel, ein Ratz?

Unabsichtlich richte ich den Strahl der Hirnbirn in die Nische. Ein Verschlag ist abgetrennt, von dahinter kommt das Geräusch.

»Licht aus!« Eine knarzende Stimme. Ich drehe das Licht so weit zurück, dass ich gerade noch registrieren kann, was da hinten vor sich geht. Langsam schiebt sich eine Gestalt hinter der Abtrennung hervor, ein graues Mandl steht da hinten, mit einem alten, faltigen Gesicht und in einen Lodenumhang mit Kapuze gekleidet.

»Was willst da herin?«

»Musst entschuldigen, aber draußen regnets, und ich möchte nicht nass werden. Aber wenns stört ...«

Ich stehe auf. Eine kurze Pause.

»Na, jetzt kannst schon dableiben.« Die Einladung klingt versöhnlich. »Hock dich wieder nieder! Allegra!«

»Allegra!« – »Erfreue dich« bedeutet dieser rätische Gruß.

»Dankschön! Ich mach auch keine Umständ.«

»Man möcht nur wissen, mit wem mans zu tun hat. Laufen eh viele hin und her.«

»Ich war bis jetzt allein auf dem Weg da herauf.«

»Glaubst du!«

Ich gehe dazu über, Vertrauen zu bilden, und ziehe meinen Rucksack zu mir her. Er enthält genug für eine gemeinsame Brotzeit, Speck, Käse, Brot und sogar eine Flasche Roten.

»Magst mitessen?«

Ein kurzes Leuchten in den Augen des Mandls signalisiert mir, dass es diesem Angebot nicht abgeneigt ist.

»Wohl. Riecht gut!«

»Dann setz ma uns zamm.«

Der Rotwein und die Brotzeit lassen langsam ein Gespräch entstehen. Ich schau immer diskret, aber interessiert auf das graue Heft hin.

»Magst wissen, was drin steht?«

Ich nicke.

»Ich hab alles amal zammgschriebn, was es gibt oder auch nicht, was ma sieht oder was sich versteckt hält.«

Ich nehme das Buch in die Hand, beginne zu lesen. Der Alte erforscht beiläufig in meinem Gesicht eine Reaktion. Das mit einer exakten Hand geschriebene Heft ist nach dem Alphabet gegliedert; Sagen, Geschichten, Bilder …

Diese Bergnacht hat sich anfangs der 80er-Jahre ereignet. Sie verlief mit Lesen, Erzählen und dem langsamen Leeren der Weinflasche. Irgendwann habe ich mich auf die harte Bank niedergelegt, den Schlafsack übergezogen und bin eingeschlafen.

Das Lager war hart, der Schlaf von kurzer Dauer. Gerädert bin ich erwacht, draußen war es noch dunkel, aber das Wetter hatte sich gebessert, das Regengebiet ist durchgezogen und einige Wolkenlöcher öffneten den Blick auf den Sternenhimmel. Von meinem nächtlichen Gastgeber war nichts zu sehen. Die Aschereste waren kalt. War er heute Nacht wirklich hier neben mir gesessen?

Schnell zwei Kekse, einen Schluck Wasser und losgehen. »Servus und Dankschön«, rufe ich noch, aber es kommt keine Antwort.

Die klamme Morgenkälte treibt zu energischem Schritt an, die ersten Sonnenstrahlen sind ein wohltuender Willkommensgruß des Tages.

Ich steige bergan, an bekannten Granitwänden des Bergell vorbei, hoch zu einem gigantischen Felsentor: auf der gegenüberliegenden Seite die berühmte Bergregion und Wasserscheide, wo drei Quellen entspringen: Rhein, Maira und Inn.

Der Rhein fließt durch die Via Mala weiter zum Bodensee und danach in die Nordsee. Die Maira zum Comer See und über den Po in die Adria. Der Inn durch Engadin, Tirol und Bayern zur Donau und dann weiter ins Schwarze Meer. Drei Meere stehen zu dieser Bergfläche in Verbindung, entlang der Flüsse Wege, Übergänge, Handel, Begegnungen, Austausch, Kultur.

Nach einem anstrengenden, aber befriedigenden Wandertag der Abstieg zum Pass. Von Ferne klingt die Fanfare des Busses, G-E-G-C, das alte Posthornsignal. Ich springe die letzten hundert Höhenmeter den steilen Pfad hinab, um ihn nicht zu verpassen.

Verschwitzt, aber gerade noch zeitig die Ankunft an der Haltestelle. Im Bus setze ich mich und öffne den Rucksack, um die Wasserflasche herauszuholen. Plötzlich tastet meine Hand einen Gegenstand, eingewickelt in einen alten Lederfleck. Es ist das Buch, das ich in der Hütte aufgeschlagen und gelesen habe. Ich wollte es bestimmt nicht mitnehmen, aber es ist verpackt wie ein Geschenk, der Alte hat es mir wohl in den Rucksack gelegt.

Zu Hause angekommen habe ich eine Abschrift davon verfasst. Jahrelang habe ich dieses Büchlein wie einen Schatz gehütet. Den Sagen und Geschichten bin ich nachgegangen. Manches habe ich weiter erfragt, gehört oder gefunden. So ist einiges neu hinzugekommen wie der Fluch des Ötzi, der damals noch unter meterdickem Eis begraben auf dem Hauslabjoch lag.

Aus den alten Aufzeichnungen und meiner Freude am Weiterschreiben, Fabulieren, Dazudichten ist dieses Buch entstanden. Ich wünsche ein wohlig schauderndes, schmunzelnd erstauntes Hineintreten in die uralte Welt der Berggeister.

ALMGEISTER

DIE ALMGEISTER AUS DEM TIROLER BRIXENTAL

Wenn die Älpler im Herbst mit den Kühen die Almen verlassen haben, dann übernehmen die Almgeister ihre Hütten, mustern sorgfältig das vorhandene Inventar, überprüfen, ob alles am rechten Platz liegt, und geben daraufhin ihren Brüdern und Schwestern, die im Berginnern warten, Bescheid: »Kommts, es ist Zeit! Jetzt können wir in die leeren Almhütten einziehen zum Überwintern.«

Den ganzen Sommer über haben sie im Dunkeln, in den Höhlen und Stollen des Berginneren, zugebracht. Nun beginnt ein anderes Leben für die Almgeister: die Winterzeit im Tageslicht.

Eigentlich sind sie Schatzhüter, deshalb passen sie auch in dieser Zeit sorgfältig auf ihre seltenen Kristalle und Edelsteine auf. Jetzt lassen sie nach dem harten Graben und Schürfen endlich alle Fünfe grade sein.

Eine besondere Zeit für die Almgeister ist die Weihnachtszeit. Am Heiligen Abend dürfen sie nichts essen, denn in der Christnacht kommen die Geister aus allen Tälern an einem bestimmten Platz zusammen, man sagt am Wilden Kaiser droben. Dort verrichten sie geheimnisvolle Dinge. Es wird Gericht gehalten über die Geister, Streit geschlichtet und Unrecht bestraft. Die Mandln, die im abgelaufenen Jahr erlöst wurden, kommen in der Christnacht in den Himmel. Die anderen müssen zurück auf ihre Almen ziehen und ein weiteres Jahr abwarten.

Nur in der Zeit der Raunächte können die Geister ihre Almen verlassen. Manche begeben sich ins Tal zu den Häusern der Menschen. Wenn aber die Bewohner drunten mit der Räucherpfanne durchs Haus gehen, dann müssen alle Geister Reißaus nehmen oder sie gehen zugrunde.

Für die Almgeister ist die Weihnachtszeit eine harte Zeit: Von den Häusern werden sie vertrieben, und auf den Almen ist es sogar ihnen zu unheimlich. Man sagt, dass ihnen Tod und Teufel in die Augen schauen und die wilde Jagd übers Land zieht, und die fürchten selbst Almgeister! Sind die Raunächte vorbei, dann können sich die Geister auf der Alm wieder wohlfühlen.

Am Karfreitag ziehen sie dann von der Alm ab. Am Ostersonntag kommen sie aber noch einmal zurück, räumen alles auf der Hütte zusammen und stellen die Gegenstände, die sie benützt haben, zurück an ihren Platz. Nichts soll ihre Überwinterung verraten!

Sie kochen dann noch ein letztes Mus auf dem Herd. Nachdem sie dieses bis auf den letzten Rest zusammengegessen haben, *streifen sie die Alm ab und erbitten einen Segen, damit diese vom Unglück verschont bleibt. Sie verlassen die Hütten gegen Sonnenaufgang, um dadurch das Wachstum und die Fruchtbarkeit zu fördern. Ihre Schätze tragen sie wieder mit sich. Dann kehren sie zurück und kriechen wieder in die Stollen und Höhlen des Bergs. Ab und zu verrät uns im Sommer ein Klopfen und Hämmern aus den Tiefen des Gebirgs, wo sie gerade zugange sind.*

ALMEN,
die versunken, versteinert, verflucht, verschüttet oder vergletschert, also mit Eis übergossen wurden

Auf der Alm gibt's zwar nach folkloristischer Meinung »koa Sünd«, trotzdem sollen hoch oben in der Freiheit der Berge mitunter Unachtsamkeit, Zügellosigkeit und Verschwendungssucht geherrscht haben. Sagen von Sennerinnen und Sennern auf Almen, die für Vergeudung von Lebensmitteln bestraft wurden, sind über die gesamten Alpen verbreitet. Auf diesen Frevel folgt ein Strafgericht, das nicht von Berggeistern ausgelöst, sondern meistens göttlichen Ursprungs ist, in der Regel verbunden mit extremen Wetterereignissen:

DIE ÜBERGOSSENE ALM

Unterhalb des Gipfels des Hochkönig im Salzburger Land erstreckt sich in einem Becken eine vergletscherte Fläche, die übergossene Alm genannt.

Vor langer, langer Zeit standen hier zwischen dunklen Lärchenwäldern, umgeben von grasreichen Wiesen, ein paar Sennhütten, in denen schöne und sogar reiche »Dirndln« als Sennerinnen arbeiteten. Obwohl sie sonst von ihren Eltern gut erzogen waren, vergaßen sie hier oben, wo sie sich selbst überlassen waren, ihre gute Kinderstube und schlugen immer mehr über die Stränge. Den Kühen hingen sie silberne Glocken um den Hals, den Stieren vergoldeten sie die Hörner, ließen den Wein fässerweise aus Salzburg bringen und bewirteten damit lustige Jägerburschen, mit welchen sie den ganzen Tag über tanzten und sangen. Das Beten hatten sie längst vergessen, dagegen taten sie alles, was sündhaft war: Sie pflasterten den Weg zu ihren Hütten mit Käslaiben, füllten die Lücken mit Butter aus, damit der Teufel mit seinen Brüderln etwas zu fressen hätte, wenn sie des Nachts daherkämen. Ein andermal badeten sie sich in Milch oder formten aus Butter Kugeln, mit welchen sie sich scherzend bewarfen. Mit einem Worte: Sie würdigten die Gottesgaben auf jede mögliche Weise herab.

Eines frühen Abends kam ein Wanderer auf die Alm, der vor Müdigkeit und Erschöpfung kaum noch Kraft hatte weiterzuziehen, und bat verzweifelt um Beherbergung über Nacht. Statt nun des alten Mannes Bitte zu erfüllen, wiesen sie den Armen mit den Worten ab: »Schleich dich davon! Der Teufel mag dir Herberge geben, wir nicht!« Nochmals wiederholte jener seine dringende Bitte, doch vergeblich.

Da stellte sich der abgewiesene Gast auf einen Hügel oberhalb der Hütten und rief einen Spruch der Verwünschung auf die rohen Dirnen hinunter:

> *»Auf dieser schönen Höh*
> *soll fallen jetzt ein großer Schnee*
> *und aper wird's dann nimmermeh!«*

Als die Sennerinnen jetzt sogar die Hunde auf ihn hetzten, hob er die Hand und machte diese »gefroren«, ließ sie erstarren und zog weiter.

Das Maß der Sünden war voll, und den Frevlerinnen hatte das letzte Stündlein geschlagen. Kaum hatte sich der Wanderer, wahrscheinlich handelte es sich um ein Venedigermandl, entfernt, da wälzte sich von den Teufelshörnern her in dunklem, unheimlichem Gewoge ein Unwetter, und ein furchtbarer Sturm erhob sich, dass den Sünderinnen angst und bange wurde. Ihre Lippen versuchten zu beten, aber umsonst. Gottes Strafgericht brach herein. Große Schneemassen stürzten vom Himmel und begruben die Frevlerinnen samt ihren Hütten für ewige Zeiten.

So liegt das Gelände unter dem Eis, und man nennt es die übergossene Alm.

Diese Sage wird in Abwandlungen in allen Teilen der Alpen, aber auch in den Pyrenäen und im Himalaya erzählt. Als Strafe für die Verschwendung können die Almen auch vermurt (Ahrntal), verschüttet (Mejegruppe, Frankreich), versteinert (Trippenkees, Kärnten), in einen See versenkt (Urdensee, Graubünden) oder nur verflucht (Davos, Dachstein) werden.

Durch die Klimaerwärmung gehen heute die Gletscher massiv zurück und geben unter anderem Baumreste von Zirben frei, die erst in der Eiszeit vor zwölftausend Jahren ins ewige Eis eingeschlossen worden sind, so beispielsweise auf der ehemals mächtigen Pasterze unterhalb des Großglockner. Vor der Eiszeit waren diese Gebirgsregionen also bewachsen, fruchtbar, bewaldet und ein Teil des Lebensraums der damals lebenden Menschen. Ob diese so weit verbreitete Sage diese Vorzeit in ihrem Gedächtnis mit sich trägt und die zunehmende Vereisung als Bestrafung schildert?

ALPERER

Im bayerischen Inntal, in der Oberaudorfer Gegend, erzählt man die Geschichte vom wilden Alperer, der »Auf der Schweinsteige« und der danach benannten Schweinsteigeralm sein Unwesen treibt:

Den Sommer über lebt der wilde Alperer drunten im Tal und verbirgt sich in den feuchten Auen am Inn, der hier nach seinem wilden Weg durch das Hochgebirge in die Ebene des Voralpenlands hinausströmt. In der heißen Jahreszeit, wenn die Almen beweidet und die Hütten bewirtschaftet sind, wenn droben Käse gesennt wird und Kühe, Schafe und Geißen sich einen Wanst für den Winter anfressen, dann meidet der Alperer die Unruhe in den Hochlegern. Er hat sich in eine riesige Schlange verwandelt, schlängelt sich durch die Flussauen und ernährt sich von allerlei Getier, ja sogar von Kälbern, wenn sie aus der Weide ausbrechen und ihm zu nahe kommen.

Erst nach dem Almabtrieb, wenn das Vieh wieder unten im Stall steht, um Martini also, kriecht er nächtens hinauf, verwandelt sich und nimmt Besitz von einer leerstehenden Berghütte. Er hat nun das Aussehen eines Jägers angenommen und treibt so viel Unfug und Spuk, dass sich sogar die kleinen Almgeister vor ihm verstecken.

Auf der Schweinsteigeralm übernachtete einmal der Förster aus dem Tal. Es war Martinsabend. Mitten in der Nacht schreckte er aus seinem Schlaf auf: Ein Mordslärm war zu vernehmen, der erst aus dem leeren Stall zu kommen schien, dann aber auch vom Milchkeller heraufdrang und letztendlich überall im ganzen Häusl rumorte. Da wurde sogar dem schneidigen Jägersmann angst und bang. Schleunigst zog er sich an, packte sein Gewehr und nahm Reißaus aus der unwirtlichen Unterkunft. Bevor er hinter der Hütte den Waldrand erreichte, schaute er sich noch einmal um und sah, wie gerade ein funkensprühendes kugeliges Lichtgebilde über die Baumwipfel glitt, bis es auf der anderen Seite der Wiese ins Unterholz hineinfuhr. Ein dröhnendes Lachen war zu vernehmen, während eine Gestalt im grünen Jägerwams unter dieser Lichterscheinung im Wald verschwand.

Auf der Alm vom Schweinsteiger hat unser Waidmann nie wieder übernachtet.

Der »Alperer« ist auch der Titel eines mehrstimmigen Jodlers.

AUSRAUCHEN

Während der Raunächte zwischen dem Thomasabend (21. Dezember) und der Perchtnacht, der Nacht auf Heilig Drei König (5. Januar), werden Haus, Stall und Nebengebäude, in neuerer Zeit auch Garagen, der Motorraum von Fahrzeugen und Computer »ausgeraucht«. Der Hausbesitzer geht dazu mit einer Pfanne mit glühenden Kohlen voran, auf die Kräuter und Aromastoffe gelegt sind.

In Hieflau und anderen Orten der Steiermark feiert man die Christnacht, die Neujahrsnacht und die Nacht auf Heilig Drei König. Man bleibt diese Nächte hindurch auf, weiht die Zimmer und Ställe mit Weihwasser (»Weichwasser«) und räuchert (»raucht«) mit Weihrauch (»Weichrauch«).

Dieses mystische Ritual soll die bösen Geister vertreiben. Zum Ausrauchen empfiehlt sich eine Mischung aus Wacholder, Myrrhe und Weihrauch.

Der Geruchssinn ist ja einem der ältesten Teile des Stammhirns zugeordnet, er dient der Gefahrenabwehr sowie dem Sozialverhalten und fördert auch die Begegnung zwischen den Geschlechtern. Gerüche wirken direkt auf das Zentralhirn und verbinden sich dort mit Erinnerungen und Emotionen. Rauchrituale finden sich weltweit und kulturübergreifend.

Das Ausrauchen ist nicht zu verwechseln mit dem »Ausrauchen« nach einem in der Regel männlich agitierten Erregungszustand, zum Beispiel nach einer verbalen oder körperlichen Auseinandersetzung:

»Gehts naus vor d'Tür und rauchts eich erst amoi aus!« (Cool-Down-Prinzip)

BEILE
und andere bäuerliche Geräte und
deren Missbrauch durch Geister

Auf land- und forstwirtschaftliche Geräte wie Beile, Sensen, Heugabeln, Äxte, Messer und sonstiges Werkzeug ist sorgsam zu achten, da Berggeister, wenn sie ihrer habhaft werden, damit Unsinn anstellen können. Mitunter führen dann diese Gerätschaften ihr Eigenleben.

Norken beispielsweise lockern die Füße von Melkschemeln, dadurch landen Mägde beim Melken unfreiwillig mit dem Gesäß auf dem Stallboden und womöglich in einem Kuhfladen.

In den Raunächten ist besonders auf das Werkzeug zu achten, da verschiedene Berggeister sich diese aneignen und damit die Bewohner der Siedlungen schwer verletzen können. Mitunter hilft es dem Geschädigten, sich genau nach einem Jahr am selben Ort den Geistern abermals in den Weg zu stellen, dann machen sie ihre Handlung rückgängig, wie diese Beispiele aus dem Vinschgau zeigen:

Zu Glurns zog einmal mit der Wilden Fahrt eine krumme Gans vorbei, die einem zusehenden Weibe ein Hackl in den Fuß schlug. Als das Gjaid im nächsten Jahre abermals vorbeizog, zog sie es wieder heraus. Ein Knecht vom Gasserbauern im Laiener Ried sah zu, wie die Frau Berchta mit sieben Hunden vorbeizog. Sie schlug ihm ein Beil ins Knie, das er bis zu ihrem nächstjährigen Vorbeizug behalten musste. Als die Wilde Fahrt einmal an einem Hofe in Stilfs vorbeizog, legte ein Knecht einen Baumstamm quer über den Weg. Die Fahrt schlug ein Hackl hinein, das den Fuß des Knechtes traf.

Siehe auch: Verhexte Heugabeln.

BERGGEISTER

»Berggeister« ist ein Überbegriff für alle Arten und Formen magischer Wesen, die in höhergelegenen Bereichen erscheinen oder sogar beheimatet sind. Ihre körperliche Gestalt kann von tierähnlichen Formen (Drachen) bis zu menschenähnlichen (Mandln, Riesen, wilde Frauen) reichen. Die Gefühlswelt der Berggeister ist unterschiedlich zu unserer, dadurch jagen sie Angst oder Furcht ein, spielen mehr oder weniger üble Streiche oder

verbergen sich vor der menschlichen Welt. Berggeister im engeren Sinne sind nicht mit der Höhe, sondern der Tiefe des Bergs, dem Bergbau, verbunden.

Aus den vielen Bergbausagen sei die vom Wendelstein erzählt, jenem nach allen Seiten abfallenden Berggipfel, der als markanter Kalkklotz aus den Voralpen über dem Leitzachtal emporragt:

Einst waren in den Höhlen des Wendelsteins große Schätze verborgen, die von Berggeistern bewacht wurden. Des Nachts wanderten sie auf den Höhen umher, besuchten auch die Sennhütten, verrichteten hier die Arbeit, ja nicht selten brachten sie den Sennern und Sennerinnen kleine Geschenke vorbei. Böse neidische Menschen aus dem Tal wollten sich den Schatz der Männlein zu eigen machen, gingen diesen nach und fanden ihr Schlupfloch, das in die Stollen und Höhlen hineinführte. Sie hatten aber in ihrer Gier die Rechnung ohne den Wirt gemacht, denn Berggeister sind nicht nur in der Lage, Gold- und Silberadern oder Edelsteine im Berginneren aufzufinden, sondern dieses auch bei missbräuchlicher Anwendung in wertloses Gestein zurückzuverwandeln. So ging es auch den auf Reichtum versessenen Talbewohnern:

Statt des Goldes fanden sie nur mehr rostfarbenes Eisengestein, und als sie sich dieses durch Bergbau zunutze machen wollten, da wurde selbst dieses Gestein zu gemeinem Schotter, wie er überall zu finden war. Die Bergmännlein aber waren von Stund an verschwunden.

Der Berg, wo sich dieses zugetragen hat, wo die Männlein den Stein sowohl in Gold, Eisen aber auch in groben Kalk umwandeln konnten, heißt seitdem Wendelstein.

Der so verwandelte Schotter wurde in den Jahren 1910 bis 1912 für den Bau der Gleise der Wendelstein-Zahnradbahn verwendet.

BERGMANDL

Eine Urgemeinschaft, der viele Almgeister entstammen, sind die Bergmandl. Sie wohnen in Felsklüften und Höhlen der Berge, es gibt gute und böse, weiße und schwarze, männliche und weibliche. Sie erreichen ein hohes Alter, haben einen König oder eine Königin, sammeln Schätze, lieben die Musik und tanzen oft im Mondenschein. Bergmandl sind ungefähr drei Fuß hohe Männlein mit grauem, lodenem Gewand und schwarzen Mützen, haben eine Lampe oder eine Spanne Gold in der Hand. Sie sind über den gesamten Alpenraum verbreitet wie Murmeltiere.

Im Untersberg, der breit und behäbig wie ein gestrandeter Wal zwischen Salzburg und Berchtesgaden liegt, wohnen unzählige Bergmandl. »Zur Heidenzeit hat ein wildes Zwergvolk den Untersberg ausgehöhlt!«[1], heißt es. Der Bergbau hat in dieser Region eine über dreitausend Jahre alte Geschichte. Auch der

---

[1] Toni Eichelmann: Berchtesgadener Sagen.

Name »Unters-berg« weist in die Tiefe, nicht in die Höhe wie bei vielen anderen Bergen: Hochkalter, Alpspitz, Hocheissspitze ...

»*Es trafen einmal zufällig sieben Holzknechte und drei Reichenhaller in der Früh um vier auf dem Untersberg zusammen, alle willens, nach Salzburg zu gehen. Als sie so miteinander fortwanderten, kam auf dem schmalen Fußwege ein Zug schwarzer Männlein daher, Paar an Paar, gegen 400 an der Zahl, sämtliche gleich gekleidet, zwei Trommelschläger und zwei Pfeiffer voran. Die Männlein marschierten rüstig vorüber, ohne sich irgend um die Zuschauer zu bekümmern, zogen dann um eine Felsenecke und waren nicht mehr zu erfragen. Hat Krieg bedeutet.*«[2]

Größere Armeen von Bergmandln sollen auch zur Zeit der Spanischen Erbfolgekriege nach Spanien gezogen sein und sich auch in die Napoleonischen Kriege eingemischt haben. Meistens waren die Bergmandl aber in friedlicher Mission unterwegs:

Die Untersberger mischen sich dann und wann auch unter die Leute. So soll ein Bergmännlein auf einer Hochzeit in Glas, einer Ortschaft in der Nähe des Gaisbergs, gewesen sein und dort getanzt und wacker gezecht haben. Dem Fährmann, der es dann über die Salzach setzte, hat es drei Pfennig und ein Steinlein gegeben mit den Worten: Wenn du dieses um den Hals hängst, wirst du im Wasser niemals zugrunde gehen. Dies hat sich erfüllt. Der Schiffer ist später sowohl in die Salzach als auch in den Königssee gestürzt, ist aber immer wunderbar gerettet worden. Die drei Pfennige hat er gleich zu seinem Spargeld gelegt und sein Geldkasten hat sich nie mehr geleert.

---

[2] Dr. Henne am Rhyn: Die deutsche Volkssage. Leipzig 1874.

Auch als Almpersonal waren die Untersberger Mandl hochgeschätzt:

In der Umgebung von Berchtesgaden erscheinen heute noch des Öfteren kräftige »Buam«, von keinem gekannt, ganz eigentümlich gekleidet. Sie verdingen sich für den Sommer zum Viehhüten. Bei Anbruch des Winters verschwinden sie, um mit dem Frühjahr wiederzukommen. Im Volke geht die Sage, es seien die Untersberger, und wohl jenen Bauern, die sie verdingen. Mit ihnen kehrte Segen ins Haus.[3]

Anfangs lebten alle Bergmandl in Eintracht und halfen sogar verirrten Bergsteigern und armen Leuten. Später aber wurden sie immer übermütiger und bösartiger, sie verhöhnten die Bergsteiger oder stießen sie in die Tiefe. Als sie einst wieder einen Verirrten hinunterstießen, erschien plötzlich unter gewaltigem Donner der große Berggeist, packte und zerdrückte die Zwerge. Dann verschwand er wieder im Berg.

Neben den Bergmandln soll im Untersberg auch Kaiser Karl der Große im Berginneren überleben. Er sitzt dort inmitten von Fürsten und Kriegern auf einem Marmorsessel und sein Bart ist bereits zweimal um den Tisch herum gewachsen. Außer dem Kaiser und seinen Mannen bewohnen auch Wildfrauen sowie Salzmandl den Untersberg. Er ist wohl einer der am dichtesten vergeisterten Berge der Alpen. Der Dalai Lama bezeichnete den Untersberg als das »Herz-Chakra« Europas.

Wenn Kaiser Karl der Große wieder aus dem Untersberg aufersteht, ist das Weltende zu erwarten.

---

[3] V. Freisauff: Salzburger Volksagen. 1880.

BOANDLKRAMER

Ein spezieller Geist ist der Boandlkramer.

Boandl oder Boanl sind Knochen oder Gebeine, ein Kramer ist ein Händler. Der Boandlkramer handelt aber nicht mit Gebeinen, er transportiert sie von ihrem Sterbeort, der nach seiner Zuständigkeit in Bayern liegt, hinüber in die ewige Glückseligkeit ohne Umwege übers Fegfeuer. In die Hölle hinunter transportiert er ebenfalls nicht, dies ist dem Teufel und seinen Spießgesellen vorbehalten.

Die Bayern sind kein sündiges Volk, und wenn, dann lassen sie sich beim Sündigen nicht erwischen. Das bayerische Jenseits ist beileibe kein tristes Schattenreich, sondern ein barock bierseeligweißwurstiges Paralleluniversum, höchstens gestört durch grantelnde Dienstmänner. Die Tätigkeit des Boandlkramers ist regional ausschließlich auf den altbayerischen Sprachraum begrenzt. Die benachbarten Territorien für dieses Gewerbe sind genau aufgeteilt: In Norddeutschland betreibt sein Kollege Freund Hein dieses Gewerk, dazwischen arbeiten Sensenmann und Schnitter, in Spanien und Lateinamerika ist eine Frau, la muerte, tätig. In der römischen und griechischen Mythologie herrschten Hades und Pluto über das Schattenreich, es wird vom Kerberos bewacht, über den Grenzfluss Styx wird man von Charon geführt. Das nordische Totenreich Hel wird als so unwirtlich geschildert, dass keiner freiwillig an diesen elenden Ort hinübergehen möchte.

Mit Kindern kann der Boandlkramer wenig anfangen, deswegen zieht die Frau Percht mit den ungetauft verstorbenen Kindern durch die Raunächte und sorgt sich um sie. Ein ziemliches Durchanand also, bis alle irgendwann aufgeräumt sind.

Abwehrzauber: Um den Boandlkramer zu überlisten, muss man sich in Franz von Kobells Geschichte »Der Brandner Kasper« kundig machen. Es empfiehlt sich, eine bestimmte Spielkarte, den »Grasober«, griffbereit im Hut zu haben, um den Jenseitsbeförderer beim Kartenspiel zu übertrumpfen. Auch ein hochprozentiger Obstschnaps, der aus Kerschen gebrannt ist, hat sich dabei bewährt.

CHRISTIANISIERUNG

Wer mit offenen Augen durch die Alpen wandert, wird immer wieder daran erinnert, dass die Geschichte des Alpenraums nicht erst mit dem Eindringen der römischen Eroberer begann. Trotz ihres abweisenden Klimas sind die Täler der Alpen seit Jahrtausenden besiedelt und wurden bewirtschaftet. Jäger, Hirten und Händler überschritten die Alpenpässe bereits vor über zehntausend Jahren. So sind auch aus Zeiten lange vor der Einführung des Christentums vielerorts Symbole oder Spuren von vorchristlichen Kultstätten erhalten.

Die Christianisierung deutete die animistische Vorstellungswelt der Bergbewohner um. Anstelle der ungeschriebenen, lediglich erzählten und besungenen Welt trat die Heilige Schrift und ordnete das religiöse und kulturelle Leben, Feiern und Denken neu. Dabei ging man durchaus geschickt vor: In die alpinen Täler wurden gerne irische Mönche (Irschenberg) geschickt, weil diese aus ihren keltischen Traditionen heraus alte Kraftorte und Wesen in die neue Religion integrierten. An alten

Wasser-, Fels- oder Baumkultorten entstanden Einsiedeleien, Kirchen, Wallfahrtsorte. Frauenkulturen und matriarchalische Gottheiten wie die drei Saligen wurden in die Religion eingebaut und werden als St. Ainpet, Fürpet und Gwerpet verehrt. Oft sind zwei Frauen weiß und eine schwarz dargestellt. Die weißen Frauen symbolisieren die Geburt und das Leben, die schwarze Frau den Tod, sie schneidet den Lebensfaden ab. Frauenkulte leben auch in der Marienverehrung, manchmal von Schwestern Marias begleitet, weiter.

Die meisten der einst zahlreichen kultischen Relikte und Zeugnisse aus heidnischer Zeit sind heute vergessen, vorsätzlich zerstört, in die kirchlichen Feste integriert oder umgewidmet worden. Denn um 590 kam Papst Gregor der Große (Gregor I.) zu der Einsicht: »Nach langer Überlegung habe ich erkannt, dass es besser ist, anstatt die heidnischen Heiligtümer zu zerstören, dieselben in christliche Kirchen umzuwandeln ... Es ist nämlich unmöglich, die rohen Gemüter mit einem Schlage von ihren Irrtümern zu reinigen.«

So wurden auf den alten Kultstätten Kirchen oder Kapellen gebaut oder wenigstens ein christliches Kreuz aufgerichtet. Auf den Berggipfeln wurden mit der Entwicklung des Alpinismus Kreuze errichtet oder Marienstatuen aufgestellt. Gesteinsformationen (Schlupfsteine oder Steingumpen), die Frauentreffpunkte waren und denen zum Beispiel Hilfe bei Frauenleiden und Unfruchtbarkeit zugesprochen wurden, wurden in Kirchenbauten integriert.

Sexualität wurde dämonisiert, der Widder oder Geißbock als ursprünglich kraftvoll männliches Symbol wurde zum Sündenbock. Das Wissen und die Kundigkeit von Frauen wurde später als Hexerei umgedeutet und grausam verfolgt.

Manche Feste wie die Sonnwendfeuer haben sich erhalten oder wurden neu christlich definiert (Herz-Jesu-Feuer in Tirol). Das Wort »Feiern« und das Wort »Feuer« kommen aus demselben Sprachstamm, in ihnen ist das »Fff ...« für das Anblasen der Flamme enthalten.

Wallfahrten und Prozessionen haben oft ihre Ursprünge in vorchristlicher Zeit, Fastnachtsbräuche, Perchtentänze und Feuer in der kalten Zeit weisen auf alte Feierriten hin.

Wer durch die Alpen wandert, trifft immer wieder auf solche Orte und Zeugnisse vorchristlicher Kulturen: Hexentanzplätze, Frauen- und Fruchtbarkeitssteine, phallische Symbole, Kreuz- und Ritzzeichnungen. Die »Entrische Kirche«[4] beispielsweise ist eine Höhle über der Gasteiner Ache, in der Riesen und wilde Männer hausten, die so stark waren, dass sie eiserne Pflugscharen über das Tal hinweg warfen. Sie teilten aber auch unverhoffte Geschenke wie Milch und Butter aus, die sie in altertümlich geformten Gefäßen vor die Türe stellten. Ihr Verhalten war also ambivalent, nicht in ein Gut-Böse-Schema einordbar.

Ein Dichter namens Arthur von Wallpach hat das Nebeneinander von vorchristlichen und christlichen Vorstellungen in Reime gefasst:

> *Im Tal die Glocke ruft zum Betergange*
> *Der Wilde Mann ruft hoch im Felsgerott*
> *Das macht ein frommes Menschenherz nicht bange*
> *von oben und von unten ruft ihn Gott.*

---

[4] Salzburger Mundart für: unheimlich

BLUADIGER DAMERL

»Damerl« ist der Name für Thomas, und der heilige Thomas war der Apostel, der zweifelte, der nur für wahr annahm, was er mit eigenen Augen überprüft hatte, und der nicht an die Auferstehung Christi glaubte. Erst als der ihm erschien und Thomas die Finger in die Wundmale legen konnte, glaubte er an die Wiederauferstehung.

Mit der Thomasnacht zum 21. Dezember beginnen die Raunächte. Im Bayerischen Wald geht da der bluadige Damerl um.

DRACHEN

Drachen sind das am meisten auf der Welt verbreitete Fabelwesen. Aus unzähligen Ländern, Kulturen und Epochen sind Erzählungen über Drachen bekannt. Sie können Meere, Inseln und in den Alpen Höhlen, Seen und Klammen bewohnen, wie der unter einem Wasserfall an der Passstraße zum Sudelfeld hausende Tatzelwurm. Drachen sind Mischwesen, die aus den verschiedensten Tieren zusammengesetzt sind: Unter anderem

Schlangen, Raubvögel, Metzgerhunde, Stiere und Fledermäuse haben sich in ihrem Erbgut vermischt.

Obwohl sie anteilig aus Flug- und Säugetieren sowie Reptilien gebildet sind, sich somit amphibisch, aber auch, zumindest in kurzen Distanzen, fliegend fortbewegen können, reproduzieren sie sich ausschließlich durch Eiablage und Brutpflege. Dracheneier werden in feuchtfaulen, modrigen Habitaten abgelegt, ihnen werden magische Kräfte zugeschrieben.

Durch ihre weite zeiträumliche Verbreitung nehmen Drachen einen besonderen Platz ein: Im alpinen Bereich zeugen Drachenlöcher, Drachensteine, Drachenklammen und Drachenböden von ihrer zurückliegenden Existenz. Drachen zieren das Wappen des Markts Murnau, finden sich als Verzierungen an Regenrinnen von Bauernhäusern und Wasserspeier an Kirchen sowie an zahlreichen Dorfbrunnen wieder.

In den Seen des Voralpenlands waren Drachen gehäuft anzufinden, so im Staffelsee, im Laufener See (heute Abtsdorfer See) und im mittlerweile verschwundenen Gardiasee sind die von ihnen hinterlassenen Spuren unübersehbar.

Eine Drachenzunge, welche im Kloster Wilten aufbewahrt wird, sollte über das einstige Vorhandensein keinen Zweifel übriglassen.

Ein Augenzeugenbericht:

»Der alte Heißhiasl in Migelsbach sah in einer Sommernacht einen ungeheuren Drachen. Der Drache war so lang wie der ganze Hof, er hatte einen Kopf wie ein ›Broatling‹ und einen Schweif, so mächtig wie ein Wiesbaum. Der Drache war so feurig, daß der ganze Hof hell wurde.«[5]

---

[5] Dr.Albert Depiny (Hrsg.): Oberösterreichisches Sagenbuch, Linz 1932, S. 52–55.

Auch Schäden an der Umwelt, die durch Drachen verursacht wurden, sind beschrieben:

»*Der Drache hat Quellen und Bäche ›umgebissen‹, so daß sie ihren Lauf veränderten und großen Schaden stifteten. Er legte seine Eier in Steine. Die auskriechenden Jungen fraßen große Höhlungen in diese Blöcke.*«[6]

Als Bedrohung wurden Drachen durch ihre schmarotzerhafte fleischbasierte Ernährungsweise empfunden: Alle Arten von lebenden Schlachttieren, vornehmlich aber Ochsen und Stiere, und jährlich mindestens eine Jungfrau mussten ihnen geopfert werden. Bei Verweigerung dieser Abgaben bedrohten Drachen nahegelegene Siedlungen mit mechanischer Zerstörung (Niedertrampeln), Brandstiftung durch Feueratem oder Vergiftung der Atemluft durch ihren Odem. Bekämpft wurden Drachen mehr oder weniger erfolgreich durch männliche Helden (Fahrende Ritter, Kavaliere), aber auch durch chemisch-mechanische Täuschungsmanöver mittels spezieller Drachenköder:

Im Oberland über Laufen hauste in einer Höhle ein großer Lindwurm, der oft lange schlief und sich nicht rührte. Wenn er aber wach war, dann waren Mensch und Tier verloren, wenn sie in seinen Hauchbereich, sein ›Pfausat‹, kamen. Man musste aber für Futter sorgen, denn wäre das Ungetüm aus seinem Drachenloch herausgekommen, wäre das Unheil noch größer gewesen. Man beschloss, einen Ochsen erst etwas auszuhungern, ihm dann einen Futtersack vors Maul zu binden und ihn danach mit verbundenen Augen gegen das Drachenloch zu treiben. Um den Leib band man dem Tiere Sackl mit ungelöschtem Kalk, in der Hoffnung, der Drache

---

[6] Ebd.

werde sie in
seiner Gier mit
hinunterschlingen. Durch Los wurde entschieden, wer den Ochsen
zur gefährlichen Stelle treiben sollte. Es traf den Schulzen selbst.
*Die Seinen weinten, doch er machte sich auf den gefährlichen
Weg. Allein ein Bursch, der die Schulzentochter heimlich liebte,
trat vor und sprang für ihn ein. Er nahm eine lange Leine, band
sie um einen Baum, das andere Ende knüpfte er an seinen Gürtel. Dann trieb er, während die anderen alle stehen blieben und
nachsahen, den Ochsen zur Höhle. Der hungrige Drache witterte
die Beute und trat aus dieser heraus. Ehe der Ochse sich wenden
konnte, hatte ihn der Lindwurm erfasst und zog ihn in die Höhle,
aus der man bald das Zerkrachen der Knochen des Opfers hörte. Der Bursch, der vergeblich einen Speer gegen das Untier geschleudert hatte, hantelte sich an der Leine ein Stück zurück, brach
aber vom giftigen Atem des Drachen betäubt zusammen. An der
Leine zogen ihn aber die Leute, voran die Schulzentochter, zurück
auf sicheren Boden. Von der Höhle hörte man den Drachen aus
einer Lache schlürfen und saufen, bald darauf vernahm man das
Heulen und Winden des Untiers. Der ungelöschte Kalk tat seinen
tödlichen Dienst: Er verband sich in den Eingeweiden zu einem*

ätzenden feuergefährlichen Gemisch, der die Eingeweide des Untiers förmlich zum Explodieren brachte. Als es ruhig geworden war, wusste man, dass der Drache verendet war. Die Gefahr aber war noch nicht gebannt: Das Wasser, das aus der Höhle floss, führte Unrat vom verwesenden Drachen mit sich und brachte die Pest unter die Leute.

Ob der tapfere Bursch zum Lohn die Schulzentochter zur Frau bekam, ist nicht dokumentiert, kann aber als wahrscheinlich angenommen werden.

Drachenstiche als Beispiele erfolgreicher Gegenwehr werden noch heute durch Aufführungen von Volksschauspielen zelebriert, wie der Drachenstich in Furth im Wald. Die im Staffelsee gelegenen Inseln werden einer durch eine Kalkexplosion verursachte Extremitätenablösung und -streuung des Drachenkörpers zugeschrieben. Es sind die Reste der vier Beine, des Schwanzes und des Kopfes. Der im bayerischen Sprachraum vorkommende Familienname »Heißdracher« zeugt möglicherweise von einer gelungenen Assimilation und Integration von Nachkommen der wohl ausgestorbenen Spezies »Drache«.

ELFEN

Elfen bevölkern mit Vorliebe Felsen, Gewässer und Moore in irischen, skandinavischen und isländischen Regionen. An den Überlebenskampf im alpinen Bereich sind sie aufgrund ihrer Durchsichtigkeit, ihres ätherischen, fragilen und luftigen Körperbaus wenig angepasst. Umhüllt sind Elfen von spinnwebendünner Bekleidung, Farnen, Gräsern, Lichtbogen und Reflexionen. Dadurch sind sie Wetterextremen schutzlos ausgeliefert. Eine alpine Elfenpopulation scheint eher überschaubar bis kaum vorhanden zu sein, bestenfalls im Voralpenbereich sind sie vereinzelt anzutreffen.

Trotzdem: Elfen werden hier und da erwähnt, als musikalische Wesen beschrieben, die sich gerne zum Reigen drehen, tanzen und singen. Tauchen sie in Sagen auf, werden sie eher den wasserbewohnenden Nixen, also amphibischen Geistern, zugeordnet. Als Wohnort werden bunte Blumenwiesen, die auch unter dem Wasserspiegel von Seen und Weihern liegen, genannt.

Im Gegensatz zu Island, wo im Rahmen von planerischen Genehmigungsverfahren auch Felsen oder Geländeinformationen, die von Trollen oder Elfen bewohnt sein können, auf ihre Nutzung für Straßen- oder Hausbau überprüft werden, spielen Elfen im alpinen Raum somit eine untergeordnete Rolle. Möglicherweise liegt das daran, dass überlebende Elfen mutierten und sich den unwirtlichen Lebensbedingungen im Hochgebirge angepasst haben. Sie wurden zu Saligen, Wildfrauen oder, wie die folgende Sage aus dem Martelltal erzählt, zu Holzweiblein:

Es ging einmal eine arme Frau in den Wald, um Streu zu rechen. Da fuhr plötzlich eine Schlange aus dem Laub und biss sie in das Handgelenk. Das Gift wirkte alsogleich, und die Unglückliche schrie vor Schmerzen. Da trat ein Holzfräulein, das ihr Wehklagen vernommen hatte, aus dem Wald. Das sind, wie die Sage erzählt, kleine zierliche Elfen, ganz in Moos und Bast gekleidet. Dieses mitleidige Wesen gab der leidenden Frau eine Blume und sagte: »Iss sie schnell, dann wirst du gesund.« Das Weib tat es, und augenblicklich hörte der Schmerz auf. »Nimmerweh!«, rief die Geheilte voller Freude. Die Blume ward von nun an so genannt, und die Frau half mit derselben manchem Kranken aus der Not. Das gute Weib hatte aber einen bösen habsüchtigen Mann, der wollte mit dem entdeckten Wundermittel Geschäfte machen, und weil er fürchtete, das Holzfräulein könnte auch anderen das Geheimnis verraten, passte er dem unschuldigen Wesen auf und schlug es mit der Axt zu Boden, dass sein rotes Blut weit umherspritzte. Sterbend rief es aus:

> *»O Nimmerweh,*
> *Jetzt Immerweh,*
> *Blüh' nimmermeh!«*

Als die Frau die Klagetöne hörte, lief sie voll Schrecken herbei, beweinte ihres Mannes Untat mit heißen Tränen und bat und flehte, dass doch künftig wenigstens noch die Äste der heilkräftigen Blume blühen möchten. Und ihre Bitte ward gewährt. Die Nebenzweige der Pflanze blühen noch heutzutage, doch heißt sie seit dieser Begebenheit »Immerweh«.

Elfen werden als schöne, erotische und in der Regel senfblonde Wesen beschrieben. In Shakespeares *Sommernachtstraum* heißen Elfen »Senfsamen«. »Senfchörnli« ist auch ein in der Schweiz vorkommender Zwergenname. In Indien wird Senf als Beigabe zu Rauchzeremonien verwendet. Bezüge zum heimisch bayerischen Senfgenuss sind nicht herzustellen.

EISMANDL

Unweit der Fundstelle des Mannes vom Eis, des steinzeitlichen Jägers »Ötzi«, liegt das Niederjoch. Von Vent im Ötztal durchs Niedertal übers Joch nach »Unser Lieben Frau« im Schnalstal zieht sich seit Urzeiten ein alter Übergang unterhalb der Achtung gebietenden Urgesteinsriesen. Die steilen Matten werden seit vielen tausend Jahren beweidet, über die Pfade wurde Handel, zum Beispiel mit Feuersteinen aus der Gegend des Gardasees, getrieben. Viel Verkehr ging hinüber und herüber, auch heute noch werden im Frühjahr Tausende von Schafen in die weiten Täler der Ötztaler Alpen getrieben und liegen den Sommer über wie Kuchenstreusel auf den steilen Bergwiesen verteilt. Oben auf dem Niederjoch erinnert ein Marterl an:

DIE EISMANDL VOM NIEDERJOCH

Dichte Nebel waren aufgezogen. Die Ötztaler Eisriesen hatten sich eingehüllt, eisig pfiff der Wind über das Joch und ließ jeden Schritt zu einer Überwindung der Erschöpfung werden. Ein Hirte war auf dem Weg hinüber nach Schnals, als er von solch einem Unwetter überrascht wurde. Eis und Schneekörner trieb der Sturm durch die

Luft, raubte dem Hüter die letzte Kraft und die Erschöpfung lockte mit dem Schlaf als wohlige Erlösung aus dem Inferno.

Doch zum Glück hausen auf dem Niederjoch hilfreiche Wesen, Nörggelen oder auch »Niederjöchler« genannt. Der Hirte setzte sich erschöpft auf eine Steinplatte, er wäre wohl hinübergedämmert und nie mehr aufgewacht, wenn nicht auf einmal zwei Eismandl gekommen wären, ihn gerüttelt und geschüttelt hätten, bis er unwillig die todmüden Augen wieder öffnete. Sie zwangen den Halberstarrten, sich auf seine Beine zu stellen, und zogen und schleppten ihn über den Ferner bis dahin, wo der Abstiegsweg ins Schnals hinunterging. Nun war der Hirte wieder wach genug und schritt mit letzter Kraft seinen Weg weiter. Er kam auch glücklich unten an und überlebte ohne bleibenden Schaden.

Dieser Hirte ist alt geworden und hat die Gutheit der Eismandl vom Niederjoch nie vergessen. Oft noch hat er die Geschichte seiner Rettung erzählt und droben auf dem Joch zum Dank das Marterl aufgestellt.

ELBEN

Bekannt aus J. R. R. Tolkiens fantastischen Romanen *Der Hobbit* und *Der Herr der Ringe* ist das verdeckte Volk der Elben. Während diese edlen Wesen in Tolkiens Büchern direkt vom Ilúvatar abstammen, unsterblich sind und die Menschen in jeder Hinsicht überragen, sind die elbischen Wesen der Alpen, wie sie zum Beispiel im Berner Oberland heimisch sind, eher unauffällig und klein gewachsen.

Elbische Wesen, auch »Schrättlein« oder »Servans«[7], finden sich hier sehr häufig: Sie bewohnen beispielsweise die Schrattenfluh oder Mannlifluh vis-à-vis von Jungfrau, Mönch und Eiger.

Elben gelten als gutmütige und wohltätige Wesen, die es aber nicht leiden können, wenn man sie belauscht oder gar neckt. Sie hüten das Vieh, helfen, ohne sich zu zeigen, bei häuslichen Arbeiten und fertigen vorzüglichen Käse. Auch kennen sie die auserlesensten Kräuter und bringen sie den Menschen und Tieren als Arznei von den Bergeshöhen herab. Sie können drohende Unwetter vorhersehen und mähen Gras und Korn rechtzeitig, sodass es vor dem vernichtenden Hagelschlag in den Stadel gebracht werden kann.

Ein Küher namens Dietrich aus dem Kanton Freiburg war in einer Quatembernacht geboren und hatte darum die Fähigkeit, alle Zwerge, Elben und Kobolde sehen zu können. Sein Liebling, der sich gewöhnlich bei ihm aufhielt, war ein winziges, zerlumptes Schrätteli, das eine rote Kappe trug. Eines Abends wärmte sich Dietrich beim Feuer und sein Hausgeist leistete ihm Gesellschaft. Dieser Elb äffte aus Mutwillen oder falsch verstandener Gefälligkeit alles nach, was Dietrich tat. Zog jener ein Stück Holz aus dem Feuerherd, so folgte wie durch Zaubermacht ein zweites nach. Legte er aber eines hinein, so folgte auf der Stelle ein anderes. Dies ärgerte den Küher so sehr, dass er vor Zorn ein brennendes Scheit ergriff und damit den Nachäffer aus der Küche jagte, worüber dieser lange Zeit grollte und sich nicht mehr sehen ließ.

[7] Dienende

DIE FANES UND IHR REICH

Das Reich des nicht sichtbaren Volkes der Fanes erstreckt sich in den Dolomiten zwischen dem Heiligkreuzkofel, dem Gadertal und dem Trentino. Jahrtausendelang wurde dessen Geschichte mündlich überliefert, in ladinischer Sprache. Die Sage öffnet eine Tür in die Epoche, als die Menschen hier sesshaft wurden, von der Jagdgesellschaft zur bäuerlichen Gemeinschaft übergingen.

DIE KÖNIGSTOCHTER DOLASILLA

Dolasilla war die Königstochter im Reich der Fanes. Sie hatte sich mit den friedlichen Murmeltieren verbündet, und diese schenkten ihr einen weißen Panzer aus einem Murmeltierpelz, der sie unverwundbar machte. Dazu übergaben sie ihr einen Köcher mit dreizehn Zauberpfeilen, die von sich aus ihr Ziel fanden. Doch die Bedingung war, dass diese Pfeile nicht missbraucht werden durften. Dolasilla sollte diese Warnung ernst nehmen: Eine Zauberin hatte ihr geweissagt, wenn sich ihr weißer Panzer schwarz färben würde, dann müsse sie sterben.

Dolassilla liebte ihren Schildknecht Ey de Net (Nachtauge), der sie auf allen Wegen begleitete und beschützte. Trotz ihrer Zuneigung durften die Beiden nicht heiraten, der König verbot dies: Ey de Net war kein standesgemäßer Ehemann für eine Königstochter.

Der König hintertrieb nicht nur die Heirat, er vergaß auch die friedlichen Absichten der Fanes und verbündete sich mit den kriegerischen Adlern. Er wollte so seine Macht und das Gebiet der Fanes ausweiten und zettelte einen Krieg gegen die Nachbarvölker an. Dolasilla spannte er mit Lügen und List für seine Pläne ein, ihre Zauberpfeile sollten seine kriegerischen Absichten zum Erfolg führen.

Die bedrohten Nachbarstämme schlossen sich gegen den König der Fanes zusammen. Auf ihrer Seite stand der mächtige Zauberer Spina de Mul, der in der Gestalt eines Maultiergerippes erschien und seine weißen Gebeine unter einem schwarzen Umhang verbarg. Durch eine List gelingt es Spina de Mul, Dolasilla ihre Pfeile abzunehmen und diese an die Bogenschützen der Fanesgegner zu verteilen.

Die Entscheidungsschlacht rückte immer näher. Am Morgen vor der Schlacht gewahrte Dolasilla voller Schrecken, dass sich ihr Panzer schwarz verfärbt hat. Doch die Fanesleute bedrängten sie, trotz diesem bösen Omen für sie in die Schlacht zu ziehen. Dolassilla ließ sich in ihrer Ausweglosigkeit darauf ein, der Kampf hatte bereits begonnen.

Anfangs konnten die feindlichen Bogenschützen im Gedränge

Dolasilla nicht finden, weil sie nach einem weißen Panzer ausschauten und nicht wussten, dass sich dieser dunkel wie die Nacht verfärbt hatte. Doch schließlich erkannten sie die Königstochter, schossen die unfehlbaren Pfeile auf sie ab und töteten sie. Damit war die Schlacht für die Fanesleute verloren.

Der Königin gelang es, mit den Überlebenden des Gemetzels und mithilfe der Murmeltiere zu fliehen. Sie zog sich in die unterirdischen Gänge und Bauten zurück, dort lebt das Volk der Fanes seither im Verborgenen.

Der König aber, der den Frieden der Fanes verraten und sich die Nachbarn zu Feinden gemacht hatte, wurde zu Stein verwandelt. Er steht seitdem als falscher König[8] und ist vom Pass am Lagazuoi aus zu sehen.

Vielleicht ist die Sache der Fanes noch nicht verloren, denn unter ihnen lebt noch Lidsanel. Ihm wurde geweissagt, dass er in seinem Leben drei Wünsche offen habe. Er müsste dann die unfehlbaren Pfeile für sich wünschen und könnte so das Reich der Fanes wiederbegründen. Doch jedes Mal, wenn die Zauberin Vivana Lidsanel einen Wunsch freistellt, vergisst dieser die Pfeile und wünscht sich etwas anderes. Zwei Wünsche hat er so vergeben, beim dritten Mal sind so die Pfeile für immer verloren. So lebt das Volk der Fanes noch heute bei den Murmeltieren und wartet auf die verheißene Zeit.

Der Sagenkomplex rund um das Reich der Fanes ist ein ganz besonderer Teil der ladinischen Kultur. Die mythischen Erzählungen behandeln Grundfragen des Lebens und sind nicht vergleichbar mit anderen alpinen Sagen, die sich meist nur um ein Motiv oder eine Gestalt drehen. Die Felsen am Falzaregopass wurden im Ersten Weltkrieg von Mineuren von beiden Seiten

---

[8] altlad.: falza rego, lad.: fautso rego

gesprengt und ausgehöhlt. Sie sind heute ein riesiges Freilichtmuseum der Sinnlosigkeit und der Leiden des Kriegs.

WILDE FRAUEN (AUCH WILDFRAUEN GENANNT)

Erzählungen von Wilden Frauen (Wildfrauen, Saligen ...) sind weit über die Alpen verbreitet. Sie tauchen in den Sagen selten einzeln, häufig zu dritt, manchmal in größeren Gruppen auf. Ihr Wohnsitz liegt in Felshöhlen. Die Sagen verweisen wohl auf vorchristliche Frauenkulte, wie sie zum Beispiel als Einbeth, Zweibeth und Fürbeth in einer kleinen Kapelle im oberbayerischen Würmtal auftauchen. Auch der Name Fanngen oder Fären wird in alten Büchern für diese Wesen genannt.

Am Königssee erscheinen drei Wildfrauen als Schwäne, in die sie sich verwandelt haben. Sie wirken in der Regel hilfreich, zeigen zum Beispiel einem armen Forstgehilfen den Zugang zu einem Salzstollen und verhelfen ihm so zu einem lebenssichernden Gewerbe. Aber ihr Charakter ist ambivalent oder ihre Moralvorstellungen nicht übereinstimmend mit denen der Menschen. Mitunter schrecken sie nicht einmal vor Kindsraub zurück:

DIE WILDEN UNTERSBERGLERINNEN

Aus dem nahegelegenen Untersberg kamen auch des Öfteren wilde Frauen, verhielten sich meist freundlich gegenüber den Hüterbuben und versorgten sie mit Brot und Käse. In der Erntezeit halfen sie ohne Entgelt beim Kornschneiden und nahmen nicht einmal am Nachtessen teil.

In der Nähe der Markt Schellenberger Kugelmühle entführten sie aber einst einen Hirtenknaben. Tagelang suchten die verzweifelten Eltern jedes Stück Land ab, fanden aber keine Spur.

Im Jahr darauf wurde er in einem grünen Gewand auf einem Baumstumpf sitzend gesehen. Obwohl sich die sofort benachrichtigten Eltern auf die Suche nach ihm machten, war er nicht mehr auffindbar. Die Wildfrauen sollen – von ihrem unerfüllbaren Kinderwunsch getrieben – immer wieder versucht haben, Knäblein und Mägdelein zu entführen. Konnten die Eltern dies verhindern, zogen die Wildfrauen bitterlich weinend davon.

Mit ihrer liebreizenden Erscheinung und ihren bodenlangen Haaren gelang es den Wildfrauen auch immer wieder, die Herzen von Männern zu entflammen. Aber selbst wenn beide sogar das nächtliche Lager teilten, soll nichts Ungebührliches passiert sein, berichtet die Sage. Trotzdem misstrauten manche Ehefrauen der Harmlosigkeit ihrer Absichten. Zurecht?

Ein Gosauer Bauer verliebte sich in eine wilde Frau und verbrachte manche Stunde bei ihr. Eines Tages gab ihm die Gefährtin einen prächtigen Gürtel, den sie für seine Frau gefertigt hatte, als Geschenk mit.

Dem Bauern aber stiegen Bedenken auf und er schnallte beim Abstieg den Gürtel um eine hohe Tanne. Augenblicklich begann sich der Gürtel mit unglaublicher Kraft zu verengen, in kurzer Zeit war der Stamm durchgeschnürt, sodass der Baum krachend zu Boden stürzte.

In Oberösterreich erzählt man folgende Begebenheit:

Einst kamen wilde Frauen in wundervollem langem Haar in ein Dorf, brachten Schuhe voll Gold mit und fesselten die Männer an sich. Sie wurden aber von den einheimischen Frauen vertrieben.

Auch aus Kärnten beichtet man von wilden, schönen Frauen:

Der felsige, zum Teil zerklüftete Südabhang der Grebenze endet in einem schmalen Hochtal, Timerian genannt, in dem einige Bauernhäuser stehen. Einstmals hausten in den Felswänden der Grebenze Wilde Frauen von großer Schönheit. Sie gingen den Bauern mit gutem Rate an die Hand. »Jetzt ist es Zeit zum Weizensäen« oder »Heute müsst ihr Bohnen setzen«, erscholl weithin ihr Ruf aus den Felsen, und man tat gut, dem Rat pünktlich zu folgen: Der Segen blieb nämlich nicht aus. Samstags und vor hohen Feiertagen riefen die Frauen die Feierstunde aus und der Bauer musste im Augenblicke alle Arbeit beenden und alles Werkzeug liegen lassen.

Dieser Segen für die Gegend sollte ein jähes Ende nehmen. Bei einem Bauern, der den Hausnamen Bår (Baier) führte, erschien jeden Morgen eine der Wilden Frauen und legte sich, wenn die Bäuerin aufgestanden war, zum Bauern in das breite Ehebett. Niemand fand ein Arg daran, selbst die gute Bäuerin nicht. Als diese eines Morgens das Schlafgemach betrat, um die dort stehende Milch für das Frühstück zu holen, sah sie, wie das Goldhaar der Wilden Frau über den Bettrand auf den Boden flutete und ihr den Weg durch die Kammer verlegte. Leise und vorsichtig hob sie es auf und legte es auf die Bettdecke. Da erhob sich die stolze Frau und verließ das Haus, und auch alle anderen Wildfrauen zogen sich aus der Gegend weg. Nie mehr ward eine gesehen; still blieb es und einsam in den nahen Felsschluchten bis auf den heutigen Tag.

Die Behausungen der Wildfrauen liegen oft in unzugänglichen Felsregionen und heißen Wildfrauenloch oder einfach Frauenlöcher wie am Hintersee bei Ramsau:

Am Fuße des Hirschbühels beim Hintersee befinden sich mehrere Berghöhlen, welche den Namen »Frauenlöcher« führen. Hier wohnten in alten Zeiten drei Wilde Frauen und führten gemeinschaftlich Wirtschaft. Da sahen sie denn die Leute oft, wie sie im Hochsommer auf hohen Stangen Kindstücheln aufhingen, die sie im schwarzen Bache, der unter den Frauenlöchern vorbeifließt, gewaschen hatten. Sie lebten mit den Bewohnern im Tal im besten Einvernehmen und wirkten viel Gutes, straften aber auch empfindlich, wenn's grade nötig war.

Oft werden die Wilden Frauen auch mit Kultorten oder Frauentreffpunkten wie Steinbecken, Felsornamenten und Frauensteinen in Verbindung gebracht:

DIE HAARE DER WILDEN FRAU

Im Salzburger Land geht die Sage, die Wilde Frau habe häufig »auf dem flachen Steine« gesponnen, und daher sollen sichtbare Eindrücke wie von Kugeln und die Wellenlinien rühren. Weiters erzählt man, dass sie mit einem reichen Bauern, dem Widrechtshauser, in Verbindung gestanden und dieser sie an jedem Samstag zur Nachtzeit besucht haben soll. Dies fiel endlich der Bäuerin auf, sie schlich ihrem Manne einmal nach und fand ihn neben der Wilden Frau liegend. Sie überlegte lange, ob sie dieselbe wecken oder sich mit einer Haarlocke begnügen sollte. Sie entschied sich für Letzteres, schnitt ihr eine Locke ab und entfernte sich eilig.

Beim Erwachen bemerkte die Wilde Frau sofort den Raub und erzählte es dem Bauern: »Wir dürfen nun nicht mehr zusammenkommen, doch gebe ich dir als Erinnerung für deine Liebe folgende Geschenke: Fürs erste einen Knäuel Zwirn. Solange du abwindest und ihn sorgfältig bewahrst, wird der Faden kein Ende nehmen und du wirst reich und mächtig werden. Fürs zweite trete ich mit meinem Fuß in diesen Stein, je tiefer dieser Fußstapfen wird, desto mehr nimmt dein Reichtum zu. Fürs dritte schließlich merke das: Solange ich vor dem Felsenloche im Vollmonde die

Wäsche trockne, solange werde ich der Schutzgeist deines Hauses und deines Wohlstands sein.« So sprach s' und verschwand.

Das erste Zeichen ging bald verloren, denn die Bäuerin entwendete das Knäuel. Das zweite, der Frauentritt, war auch bereits dem Verschwinden nahe, sodass der Bauer schon zu verarmen begann. Aber der Fußabdruck wurde plötzlich wieder tiefer, und zur Sicherung desselben vor Unwetter und Neugierde wurde ein Dach darüber gemacht. Das dritte Zeichen besteht noch heute. Bei klarem Himmel in schönen Vollmondnächten, wenn selbst im ganzen Tal nicht die Spur von einem Nebel zu finden ist, bemerkt man oben am Felsen einen dünnen weißen Streifen, den viele für Nebel halten. Dem ist aber nicht so: Das ist die Wäsche der Wilden Frau.

Aber wohin sind die Wildfrauen verschwunden?

Nördlich des Falkensteins bei Krimml liegt ein steiler Kalkfelsen, die Nößlingerwand. Vor vielen Jahren hausten in den Höhlen dieses Felsens Wilde Frauen.

Die Wilden Frauen in der Nößlingerwand liebten warmes Wetter und besonders milde Winter. Sie sagten immer: »Sobald viel Schnee fällt, müssen wir von hier fortziehen.«

Ein besonders strenger Winter vertrieb sie auch, und seit dieser Zeit sind die Winter oft recht lang und schneereich. Erst wenn wieder mildere Winter kommen, beziehen die Wilden Frauen ihre alte Behausung in der Wand von Neuem.

GEISSBOCK, GEISSENBEINE UND GEISSFÜSSE

Der Geißbock ist symbolischer Träger für Fruchtbarkeit, Kraft, Potenz, aber auch Aggression und Hinterhältigkeit. Der Bart, die dunklen Augen mit dem klaren, durchdringenden Blick, das kraftvolle Gehörn und letztendlich der Bocksgestank ließen die Fantasie in den Sagen und Erzählungen in die Dämonisierung dieses Tiers hinübergleiten.

Geißenbeine tauchen bei Wesen auf, deren Körper zur unteren Hälfte aus einem Ziegenkörper besteht wie bei den weiblichen Dialen, den wundersamen Berggeistern aus dem Engadin.

Der Geißfuß wiederum verrät den Teufel, der verkleidet im Gewand eines Jägers, Wirtshausbesuchers oder Seelenfängers auftritt, sich aber durch diesen körperlichen Makel entlarvt. Der Teufel im Wirtshaus erscheint in vielen Sagen als hinterhältiger Zechkumpan, Freibierspender und Mitspieler. Diese Geschichten wurden wohl auch deshalb verbreitet, um Männer von Spielsucht und Wirtshausbesuchen fernzuhalten.

Doch ob der Gottseibeiuns da leibhaftig vor einem stand oder nur ein harmloser Bock, so einfach ließ sich das oft nicht klären:

DER TEUFEL ALS HABERGEISS

In Axams erschien der Teufel besonders gern als »Habergeiß«, nämlich in Gestalt eines Geißbocks, der aufrecht auf den hinteren Füßen gehen konnte und dabei wie eine Nachteule schrie. Dadurch hatte er die Axamer bereits so schreckig gemacht, dass sie sich schon vor jedem gewöhnlichen Geißbock fürchteten.

So ein ganz normales Tier fand einst der Mesner von Axams, als er in aller Herrgottsfrüh zum Betläuten ging, mitten in der Kirche vor. Er erschrak darob über alle Maßen, eilte schleunigst hinaus und schlug Lärm im Dorfe. Alle Axamer rissen bei der sonderbaren Kunde Ohren und Mäuler auf. Einige hielten den Bock für einen verstellten Schwarzkünstler, der in die Kirche eingebrochen sei, die meisten aber für den Teufel selbst. Der in Eile zusammengerufene Gemeinderat beschloss nach vielem Hin- und Herreden, dem Bock Heu und Nudeln vorzusetzen. Fresse er das Heu, so sei es ein harmloses Vieh, fresse er aber die Nudeln, so könne nichts Gutes an ihm sein.

Ob er nun die Nudeln oder das Heu oder gar beides gefressen hat, darüber gehen die Berichte auseinander. Nur das eine steht fest, dass man seitdem diese biederen Leute »Axamer-Böck« benamst.

Herhalten mussten Geschichten vom Geißbock oft dafür, die jungen Mägde zu einem sittsamen Lebenswandel anzuhalten:

DER TEUFEL ALS SCHWARZER BOCK

Schlimm ist eine etwas leichtfertige Zillertaler Dirn weggekommen, die bei einem Bauern am Stummerberg im Dienste stand. Eines Abends war sie wieder einmal in Stumm unten bei einer Hochzeit, wo's recht lustig und kreuzfidel zuging und die Geigen und Klankanetten[9] das junge Volk gar nicht zur Ruhe kommen ließen. Schweren Herzens musste die junge Frau aber bald ans Heimgehen denken, weil das Anwesen ihres Dienstgebers hoch am Berg oben lag. Ihr Geliebter wollte jedoch noch bleiben und dachte sich, sie werde wohl Begleiter genug bekommen, weil er wohl nicht ihr einziger Schatz sei. Von ihren anderen »Buebn« wollte jedoch auch keiner schon jetzt den Tanzboden verlassen und so trat die Dirn allein den Heimweg an.

Sie war noch nicht lang durch den Wald bergauf gegangen, als sie plötzlich auf dem schmalen Steige einen kohlschwarzen Geißbock neben sich sah, der sie beständig gegen den Abhang zu drängen versuchte. Durch Tritte und Stöße ließ sich das Vieh nicht einschüchtern, trat zurück und wich auch der Dirn nicht von der Seite, als sie ihm durch schnelles Laufen zu entkommen suchte. Es war ihr längst der Verdacht aufgestiegen, dass der unheimliche Bock der »Untere« selber sein könnte. Keuchend vor Anstrengung und Angst eilte sie bergan und erreichte endlich ein Wegkreuz, das sie mit beiden Händen umfasste. Der Höllenbock hielt es in der Nähe des Kreuzes nicht aus und umkreiste dasselbe in weitem Bogen. Zum Glück kam bald ein nächtlicher Wanderer des Wegs, der die zitternde Dirn zum Ärger des Teufels zum nächsten Bauernhof, genannt »beim grünen Baum«, führte, wo sie aber mit schrecklich zerkratztem Gesicht anlangte und drei Tage krank darniederlag. Das hat ihr der Teufel also doch noch antun können!

Auf Geißböcken lassen sich durch die Luft reitend selbst größere Distanzen überwinden. Der im Grödnertal beheimatete Zauberer Lauterfresser ritt gerne spätabends auf einem Geißbock nach Innsbruck hinüber, um dort in einer Spätschenke noch

---

[9] Klarinetten

einen letzten Schoppen Wein zu sich zu nehmen. Aber auch von viel weiter her wurden Geißböcke als »Flugtaxis« genutzt:

DIE FAHRT AUF DEM GEISSBOCK

Ein Bauer aus dem Tiroler Lechtal war einmal in Koblenz und litt sehr an Heimweh. Gern wäre er heimgegangen, wenn der Weg nicht so weit gewesen wäre. Da sagte ihm ein Weib, dem er sein Leid geklagt hatte, sie könne ihm helfen und ihn in einer Viertelstunde zum Kapellebühel in Elbigenalp bringen. Sie selber kenne zwar diesen Ort nicht, da sie noch nie dort gewesen sei, aber sie wisse, dass ein Bock hier einspringen könne. Der Lechtaler musste aus dem Haus gehen und fand vor dem Tor einen schwarzen Geißbock angebunden. Er musste sich nun verkehrt herum auf das Tier setzen, und sogleich ging's durch die Luft den Rheinfluss aufwärts, über den Bodensee hinüber und immer weiter hinein über Felsen und Grate hinweg ins Lechtal. Grad als die Viertelstunde vergangen war, ließ ihn der Bock in seinem Heimatort absitzen und verschwand.

Auch vor Ländergrenzen machten fliegende Geißböcke nicht Halt:

Einst sah ein Inntaler Bauer nachts einen kräftigen Geisbock und wollte ihn fangen. Kaum hatte er das zottige Fell mit den Händen erfasst, sprang der Geißbock auf und trug ihn mit sich davon. Doch nicht in gewöhnlichen Sprüngen, sondern in ungeheuren Sätzen durch die Luft von Berg zu Berg und von Joch zu Joch. Als der Bauer wieder zu sich kam, lag er weit drinnen im Welschland auf einer Bergspitze.

Geheimnisvolle, uralte Sagen erzählen von den Dialen, die im rätoromanischen Bereich Graubündens zu finden waren und die man als Mischwesen, als Menschengeißen, bezeichnen könnte:

DIE DIALEN

Im Unterengadin erschienen gewisse feenhafte weibliche Wesen, die hier auch Waldfänken genannt wurden. Sie sind aber nicht gleichzusetzen mit den Wilden Mandeln und Weibern. Die »Dialas«, wie sie dort heißen, waren weibliche Wesen von großer Schönheit, sehr freundlich und gutherzig. Ein Umstand aber entstellte sie in den Augen mancher Leute: Sie hatten die Beine von Ziegen. So erschienen sie öfters den Hilfsbedürftigen, leiteten verirrte Wanderer auf den rechten Weg oder bewirteten Hungrige und Durstige. Armen Leuten, die im Schweiße ihres Angesichts arbeiteten und nach einer Labung lechzten, erschienen sie hin und wieder, breiteten ein weißes Tuch vor ihnen aus und trugen Speis und Trank auf. Es fürchtete sich niemand vor ihnen, denn man schätzte ihre gute Gemütsart.

Einmal ging eine arme Frau durch einen Wald. Müde setzte sie sich auf einen Stein, sie befand sich in anderen Umständen und war lüstern nach einem Stückchen neugebackenen Brots. In ihrer Heimat, wo man nur einige Male im Jahre bäckt und darum das Brot gewöhnlich sehr hart ist, gehörte neugebackenes Brot zu den großen Leckerbissen. Sei es nun, dass sie ihre Lüsternheit laut werden ließ, sei es, dass eine Diale ihre Gedanken gelesen hatte: Als sie sich aufrichtete, um weiterzugehen, zog ihr der Duft von frisch gebackenem Brot in die Nase, und sie erblickte ein solches noch dampfend neben sich im Moose liegend.

In Guarda in Graubünden hatte ein Mann mit seiner Frau einen Streit, und sie blieb wütend im Haus zurück. Als er oben auf der Bergwiese sein Heu aufladen wollte, um es nach Hause zu führen, hatte er niemanden, der ihm dabei Hilfe leistete. Da erschien eine Diale und half ihm, sein Fuder aufzuladen. Als sie hoch auf dem Heuhaufen stand, bemerkte er ihre Ziegenfüße und dachte bei sich selbst, der Teufel stehe auf dem Fuder. Die Diale fragte ihn nach seinem Namen, er aber dachte, dem Teufel wolle er seinen Namen nicht sagen, und antwortete: »Eug suess!«[10]

Als alles aufgeladen war, stach der Bauer der Diale die eiserne Heugabel durch den Leib, in der Meinung, sie sei der Teufel, und fuhr rasch davon.

Die Diale ließ einen durchdringenden Schmerzenston hören, und bald sammelte sich eine große, unübersehbare Menge Dialen um sie herum und fragte: »Wer hat das getan?«

Sie gab sterbend zur Antwort: »Eug suess – ich selbst!«

Da sagten die anderen: »Chi suess fa, suess giuda!«[11]

Seit dieser Zeit aber wurden keine der Dialen mehr gesehen, sie sind spurlos verschwunden.

---

[10] Ich heiße ich selbst!
[11] Was man selbst tut, genießt man selbst!

HALDENWEIBELE

Im Karwendelgebirge, über der reichen Silberstadt Schwaz, findet man in den Tälern zahlreiche Halden aus dem Abraum des ehemaligen Silberbergwerks. Hier geht das Haldenweibele um, tut zwar niemandem etwas zuleide, findet aber keine Ruhe. Sie war eine betrügerische Wirtin, die in der Knappenstube immer schlecht einschenkte und sich so unrechtmäßig bereicherte. Deshalb muss sie zur Strafe innerhalb der Mauerreste ihrer ehemaligen Wirtsstube umgehen. Die Folgen ihrer »falschen Maßerey« soll allen Wirten zur Warnung dienen, niemals falsch einzuschenken.

HEXEN

Sagen über Hexen sind überall verbreitet. Ihnen wurde die Schuld an jeder Art von Unglück, am Missraten der Butter, dem Blutharnen der Kühe, jedmöglicher Art von Schaden in Haus und Hof, an Missernten bis zur Unfruchtbarkeit bei Mensch und Tier zugeschrieben. Diese Untaten wurden den **Milch- und Schmalzhexen** zugeordnet: Wenn früher ein Bauer aus dem oberen Isartal eine Reise in die Stadt nach München unternehmen musste, fütterte er das Vieh vor der Abfahrt zur Sicherheit mit geweihtem Salz oder geweihten Kräutern, damit ihm die Hexen nicht ankonnten, solang er fort war.

Die Verursachung von Unwettern, Blitz- und Hagelschlag, Hochwasser, Murenabgängen und Lawinen wurde einer anderen Hexengattung, den **Wetterhexen**, zugesprochen.

Während die **Truden** als unerlöste menschliche Seelen gesehen wurden, zählten Hexen zu den Wesen aus einer anderen Welt. Hexen können auf Besenstielen, Schürhaken, Heugabeln, Butterfässern, Baumstämmen oder Ziegenböcken durch die Luft reiten. Sie fliegen zum Schornstein hinaus und setzen sich dabei rücklings auf ihr Reittier. Einige bestreichen die Besenstiele vorher mit Hexensalbe oder reiben sich selbst damit ein.

Hexenhäuser waren oft schattseitige Hütten oder Sachl, von alten Frauen bewohnt, die über Fähigkeiten, Kenntnisse und Wissen verfügten, das anderen unheimlich vorkam. Urängste vor allzu gescheiten Weibern sollen sich ja bis in unsere Zeit fortsetzen!

Hexentanzplätze finden sich an vielen alpinen Übergängen, an karstigen Hochplateaus und auf ebenen Gipfelflächen. In der Steiermark in Riegersburg wurde bei einer Hexenausstellung eine alte Karte gezeigt, auf der sowohl die Tanz- und Versammlungsplätze der Hexen als auch ihre Flugrouten bei der Lenkung des Hagels aufgezeichnet waren.

Selbst oberhalb von Schloss Neuschwanstein sollen Hexen getanzt haben:

DER TANZPLATZ

Auf dem Säuling haben die Hexen ihren Tanzplatz. Als nach dem Tode des unglücklichen Königs Ludwig II. von Bayern eine große schwarze Fahne an der Gipfelstange befestigt worden war, fand man das Fahnentuch, als man es nach längerer Zeit wieder herabbringen wollte, so ineinander verknüpft und verknotet, dass es kein Mensch mehr aufzulösen vermochte. Das hatten die Hexen getan.

DAS HEXENHAUS

Ein Bauer kam bei Königswiesen bei einem Rainstein vorüber, an dem er noch nie etwas Auffälliges gesehen hatte. Diesmal stand dort mit einem Mal ein schönes, großes Haus. Musik drang heraus und wollüstiges Schreien und Juchzen. Heimlich schaute er zum Fenster hinein und sah drinnen nackte Hexen mit herabhängenden Haaren tanzen. Schnell lief er heim und erzählte es anderen Leuten. Die gingen auch hin, das Haus war aber nicht mehr zu sehen.

HEXENFLÜGE

In einem Bauernhaus bei Königswiesen wollten die Weiber nie schlafen gehen. Um sie zu belauschen, versteckte sich ein Knecht hinter dem Ofen. Um Mitternacht nahmen die Weiber eine Teigwanne, setzten sich hinein und fuhren durch den Rauchfang hinaus. Heim kamen sie durch das Ofenloch.

WIE MAN HEXEN SEHEN KANN

Um Hexen sehen zu können, braucht man nur einen Schemel, der aus neun verschiedenen Holzarten gefertigt sein muss. Des Weiteren muss dieses Sitzmöbel unter neun Gebetläuten gezimmert worden sein, sonst nützt es nichts. Diesen Schemel nimmt man, stellt ihn während der Mette in der Heiligen Nacht hinter den Altar und setzt sich darauf. Die Hexen kommen jetzt alle an einem vorbei und jede will den Schemel haben. Gibt man ihn her, ist man verloren, denn die Hexen zerreißen einen danach in der Luft. Solange man jedoch den Schemel unter seinem Allerwertesten spürt, haben sie keine Macht über einen. Leichter und einfacher geht die Sache noch, wenn man sich mit einem Heubüschel, das man auf einem Kreuzweg gefunden hat, in der gleichen Zeit hinter den Altar stellt. Wenn die Hexen kommen, will jede etwas Heu haben. Lässt man nur einen Halm aus, ist es um einen geschehen.

Selbst kräftige junge Männer vermögen mit all ihrer Kraft nichts gegen Hexen auszurichten, weil diese geschickt ihre Flugeigenschaften einsetzen. So spielen Hexen auflauernden Burschen böse mit.

In der oberen Mühle zu Oberstdorf trieben vor alten Zeiten die Hexen oft ihr Unwesen und heckten allerlei Untaten und Bosheiten aus, mit denen sie die Leute dann schädigten. Nun wollten einmal den Hexen einige recht starke und couragierte Burschen das Handwerk legen, lauerten ihnen auf und fielen über sie her, um sie weidlich durchzuprügeln. Da hatten sie sich aber doch versehen, denn gleich den ersten von ihnen ergriff eine der Hexen und fuhr mit ihm in die Lüfte, dass den andern sogleich der Mut entfiel. Voll Entsetzen über die unerwartete Luftfahrt rief der Schwebende: »Jesus, Maria und Joseph!«

Da ließ die Hexe ihn zwar los, aber er fiel aus gefährlicher Höhe herab,»dass die Rippen krachten« und ihm für immer »eine Letze blieb«. Mit Hexen haben die Burschen ihrer Lebtag nichts mehr zu tun haben mögen.

Auch in den Raunächten sind die Hexen ihrem Tanzvergnügen gerne nachgekommen. Aber zum Tanzen braucht es Musikanten, manchmal genügt auch ein einzelner Geiger, um ihnen zum Tanz aufzuspielen:

DAS GEIGERLEIN UNTER DEN HEXEN

Die Leute in Wildschönau wissen noch allerlei Geschichten von Hexen zu erzählen, das heißt die alten, denn die jungen glauben nicht mehr dran. Gar übel pflegten von alters die Hexen in der Weihnacht den anderen Menschen mitzuspielen, und wer zur Christmette ging, musste von den Unholden viel Zauberspuk erdulden.

So begab sich einmal in der Christnacht ein gar lustiges Geigerlein vom Innertal zur Mette nach Oberau. Er hatte ein mächtiges Kenteltrumm[12] in der Hand, das ihm auf den Weg leuchtete. Das Männlein trug auch seine Geige unter dem Arm mit sich, denn es hatte vor, bei der nächtlichen Messfeier ein wenig mitzugeigen. Da kam es auf dem Wege an einer Brechelstube[13] vorbei und sah vor der Tür derselben eine Brechel stehen. Das war sonderbar, und gleich stieg im Geigerlein der Gedanke auf, die Brechel da könnte wohl gar eine verwandelte Hexe sein. Die Hexen, dachte es, nehmen den kürzesten Weg durch die Luft, und da das

---

[12] Laterne
[13] Nach Beendigung der Feldarbeiten wurde der Hanf in den Brechelstuben, die wegen der Feuergefahr außerhalb der Ortschaften gebaut wurden, getrocknet, gepocht und gebrecht. Diese Tätigkeit galt als Frauenarbeit.

Männlein schon ein wenig müde war, setzte es sich auf die Brechel. Leiten werde ich das Ding schon können, meinte es, wenn es zu fliegen anhebt. Die Brechel hub wirklich zu fliegen an und flog so schnell wie der Wind talauf, aber das Männlein vermochte sein Reitpferd nicht zu lenken, wie es vermeint hatte. Die Brechel trug es auf den Lempersberg hinauf und ließ sich dort oben gemach zur Erde nieder.

Das Geigerlein stieg ab und gewahrte bald zahlreiches Hexenvolk, das ihn im Kreis umstellte. Alle führten sie ihre Hausbesen bei sich, auf welchen sie heraufgeritten waren.

Nach einer Weile huben sie einen Tanz an, und das Geigerlein musste wohl oder übel dazu ein Stückl nach dem andern aufspielen: Landler, Boarische, Polka und Schleunige.

Endlich kam gar der Herr Satan persönlich in seinem Sechsspänner angefahren, und nachdem ihn die Hexlein eine Weile hofiert hatten, ging das Hopsen von Neuem los. Das Geigerlein war vom Spielen müde geworden, und noch immer war kein Aufhören in Sicht. Da kam ihm ein schlauer Einfall. Er spielte auf einmal keinen Hopser mehr, sondern die Arie: »Himmel, tauet den Gerechten!« Im Nu war der Spuk zerstoben, das Geigerlein aber saß auf der äußersten Spitze eines überhangenden Felsens und musste geduldig da sitzen bleiben, so schneidig auch der Wind blies, bis es Tag wurde. Erst danach konnte es sich aus seiner gefährlichen Lage befreien und durch den tiefen Schnee ins Tal steigen.

Wie weit die Hexen über den europäischen Kontinent verstreut leben, erzählt eine Sage aus dem Leitzachtal:

Auf der Brecherspitz über dem Spitzingsattel befindet sich ein ringförmiger Wall, der Umfriedung eines Mondkraters nicht unähnlich. Dort tanzen die Hexen ihren Reigen. Eine wunderliche Geschichte aus der Zeit von Napoleons Russlandfeldzug erzählt davon: Als die bayerischen Soldaten, vom Franzosenkaiser gedungen, nach Russland marschierten und dort sterben mussten, fragte einmal eine russische Bäuerin einen todmüden Soldaten, welches seine Heimat wäre.

Er antwortete: »Ich bin aus Bayern aus dem Gerichte Miesbach.« »Das ist ja nicht weit von der Brecherspitz!«, antwortete die Russin. »Jetzt weiß ich, was du für eine bist!«, erwiderte der erstaunte Soldat. Die Russin aber schwieg.

VERHEXTE HEUGABELN

Bei Heugabeln handelt es sich um bäuerliche Arbeitsgeräte, gefertigt aus Eisen oder ausgesuchten Hartholzästen (siehe auch: Beile). Dieses Werkzeug hat an sich nichts mit der Welt der Verborgenen zu tun. Eine Begegnung kann sich aber beim Zusammentreffen von Extremwetterlagen und nachbarschaftlichen Streitigkeiten ergeben. Hier kann es bei Heugabeln zu Dislokationen[14] mit schmerzhaften körperlichen Folgen kommen:

---

[14] räumlichen Materieverschiebungen

DIE VERWORFENE HEUGABEL

Zwei Bauern aus dem Ötztal wohnten einst als Nachbarn friedlich Haus an Haus. Eines Sommers hatte einer von ihnen sehr viel Heu auf dem Feld liegen. Weil sich oben über dem Gipfel des Similaun immer wieder schwarze Wolken bildeten, die schlechtes Wetter ankündigten, bat dieser seinen Nachbarn, er möge ihm geschwind helfen, das Heu rechtzeitig einzufahren. Dieser aber hatte einen schlechten Tag. Er litt unter starken Kreuzschmerzen und schlug dem Nachbarn seinen Wunsch ab. So musste der Bauer das Heu allein zusammenrechen.

Doch kaum war das Winterfutter aufgeschichtet, kam vom Similaun her ein Wirbelwind, fuhr tobend durch das Heu und trug es durch die Luft mit sich fort. Da wurde der Bauer zornig und schrie: »Verfluchte Wetterhex! Wenn du all mein Heu fortnimmst, kannst die Heugabel auch dazu haben!«

Wütend packte er die Gabel warf sie dem Sturm hinterher.

Nachdem sich die Wetterlage beruhigt hatte, suchte der Bauer sein ganzes Feld nach der »verworfenen« Heugabel ab. Doch diese blieb verschwunden. Bald danach erkrankte der Nachbar.

Der Bauer aber war sehr nachtragend, weil der Nachbar ihm nicht geholfen hatte, und beschloss, ihn nie mehr zu besuchen. Ein ganzes Jahr hielt sein Zorn an, aber irgendwann war der verraucht. So ging der Bauer zu ihm, um Frieden zu schließen. Er erschrak zutiefst, als er ihn in seinem Elend im Bett liegen sah und fragte: »Wie geht es dir?«

»Gar schlecht steht's um mich!«

»Kann dir koan Doktor helfen?«

»De seind alle mit ihrer Weisheit am End!«

»Kann man denn gar nix toan?«

»Doch, i glaub, du kannst mir helfen!«

Da schob der Nachbar die Bettdecke beiseite. Der Bauer fuhr heftig zusammen, als er sah, dass in dessen Hüfte seine alte

Heugabel steckte. Umgehend packte er den Stiel, zog ihn heraus, und der Nachbar war auf der Stelle gesund.

DER HOAZL

Vom Hoazl, einem Holzmandel, auch **Almputz**, **Nazn auf der Schinderalm**, in der Schweiz auch **Zurimutzi** genannt, handelt eine oft variierte Sage. Immer liegt der Geschichte der an den Golem oder an Frankenstein erinnernde Mythos eines künstlich erschaffenen und zum Leben erweckten Wesens zugrunde.

DER HOAZL DER HIRTEN

Zwei Hirten in der »Flecken« führten ein gar übermütiges Leben. Sie fertigten aus Reisig und Stroh ein Männlein und nannten es Hoazl. Dem gaben sie von allem, was sie aßen und tranken, etwas ab und hielten es für unbedenklich, dass so viel edle Gottesgabe so verschwendet wurde.

Eines Abends, als sie schon mit dem Hilfsbuben zu Bett lagen, fiel es ihnen ein, dass der Hoazl noch kein Abendessen bekommen hatte. Sie standen auf und stiegen in die Kuchl hinunter, um dem

Strohmännlein eine volle Schüssel vorzusetzen. Aber zu ihrem Schreck hub das Männlein wirklich zu essen an und regte und bewegte sich. Da flohen sie hurtig in die Kammer zurück und schoben den schuldlosen Hilfsbuben mitsamt dem Bette vor die Türe. Da polterte das Strohmännlein zum Fenster herein, sprang über das Bett und schrie:

> Den ersten find' i,
> den zweiten schind' i,
> den dritten wirf' i über die Hütten abaus.

Und so geschah es. Der Hoazl griff nach dem Hüterbuben und zog ihn an den Ohren aus dem Bett. Den jungen Hirten scheitelte er, das heißt: Er bewarf ihn zielsicher mit Holzscheiten. Den Senn aber packt er und warf ihn übers Hüttendach. Seither heißt der Ort die Schintemunt-Alpe.

Noch grausamer erzählt die folgende Variante diese Geschichte:

DER HÖLZERNE ALMPUTZ

Vor vielen Jahren gingen einmal drei Jäger von Hötting oberhalb von Innsbruck auf die Jagd. Weil sie noch spät hoch oben im Gebirge waren, wollten sie am selben Tage nicht mehr heimgehen, sondern suchten die Umbrückler Alm auf, um in der Hütte zu übernachten. Sie fachten im Ofen ein Feuer an, wärmten sich daran auf und um sich die Zeit zu vertreiben, begannen sie, rohe Späße zu treiben. Einer schnitzte zum Gaudium des zweiten aus einem großen Holzscheit eine derbe Puppe, die den Almputz darstellen sollte, hüllte sie sodann in einige grobe Lumpen, die sie in der Hütte vorfanden, setzte ihr einen Hut auf und steckte ihr einen Schnitz Speck in den Mund, wobei sie in ein tolles Gelächter ausbrachen.

Der Jüngste unter den dreien aber tat nicht mit, ihm war der Spaß nicht geheuer, und er fürchtete die Strafe für diesen Übermut. Zuletzt nach vielem Gespött mit dem hölzernen Putz boten sie diesem die Schnapsflasche an und schütteten ihm, weil er sich nicht rührte, Schnaps in das Maul.

In diesem Augenblicke fing es draußen an zu wettern und zu blitzen und zu donnern, sodass der Jüngste zitternd den Heustock aufsuchte und sich warm einmachte. Als die beiden andern trotz Blitz und Gekrache ihr Spiel fortsetzten, da tat es ganz nahe bei der Hütte einen so gellenden, unheimlichen Pfiff, dass die Frevler weiß im Gesicht wurden und den hölzernen Putz schleunig ins Feuer warfen. Und – hast mich nicht g'sehen – schwangen sie sich flugs auf den Heustock hinauf und verbargen sich im Heu.

Aber im selben Augenblick stieg auch schon der leibhaftige Almputz unversehrt aus dem Herd und die Leiter hoch auf den Heustock, um die Übermütigen zu strafen. Der jüngste der Jäger kam am glimpflichsten davon: Der Putz verabreichte ihm eine ausgiebige Maulschelle. Dem zweiten versetzte er schon einen solchen Schlag auf den Fuß, dass dieser zeitlebens davon hinkte. Dem Ältesten aber, der die Puppe geschnitzt und am rohesten gespaßt hatte, riss er den Kopf vom Leibe, zog ihm die Haut ab und nagelte sie draußen auf das Hüttendach. Mit Entsetzen erwarteten die beiden, die noch mit dem Leben davonkamen, den Morgen, dann suchten sie wohl geschwind das Weite. Auf die Umbrückler Alm sind sie nie mehr hinaufgestiegen.

Eine ebenso erbarmungslose Variante ist die Geschichte vom Zurimutzi.[15] **Dieses Mal erschaffen die Hirten ein weibliches**

---

[15] Diese Geschichte erschien bereits in dieser Reihe. Vgl. Karl-Heinz Hummel: LIEBESSAGEN aus dem Alpenraum.

Wesen, das lebendig wird, ihnen zur Hand geht und ihnen auch des Nachts ihre Sehnsucht und Einsamkeit lindert.

Aber der Appetit des Zurimutzi nimmt immer mehr zu wie auch sein Leibesumfang, am Ende des Almsommers muss es getragen werden. Als das Wesen dann oben auf der Alm eingesperrt wird, rächt es sich so grausam wie in der vorherigen Geschichte, so erzählt es auch der Musiker Herbert Pixner bei seinen Konzerten.

IRRLICHTER

Irrlichter[16], auch **Irrwisch** oder **Fuchtelmandl** genannt, sind die Geister verstorbener, aber unerlöster Seelen. Meist zwingt sie eine nicht bestrafte böse Tat oder absichtlich verursachtes Unrecht zu ihren fluoreszierenden Wanderungen. Sie erscheinen oftmals über Mooren, Morasten und Sümpfen, was ihre

[16] lat.: ignis fatuus

Entstehung auch durch die Verbrennung von Faulgasen als rationale Erklärung nahelegen könnte. Irrlichter können auch die Form größerer feuriger Kugeln »wie eine Saublase« annehmen, können mit ihrem Licht verirrte Wanderer sowohl arglistig ins Verderben aber auch fürsorglich auf den rechten Weg leuchten. Ihr Charakter ist genauso indifferent wie ihre Verbreitung vielfältig.

DAS IRRLICHT AUF DEM IRSCHENBERG

Es war bei Irschenberg einmal ein untreuer Nachbar. Der hat einmal einen Grenzpfahl versetzt, um sich mehr Ackergrund anzueignen. Als er gestorben war, erschien auf diesem Feld ein blaues Lichtlein, das immer rief: »Wo soll ich ihn hinstecken?« Endlich hatte ein Mann den Mut zu sagen: »Da, wo du ihn genommen hast!« Der Pfahl schlug sich von selber am richtigen Platz in den Boden hinein und das Lichtlein war fortan verschwunden.

IRRWURZEN

Bei Irrwurzen handelt es sich nicht um gasförmige, sondern um feste Körper. Es sind spezielle Gewächsteile, also Wurzeln, die durch Berührung, selbst bei zufälligem Darauftreten durch Schuhsohlen hindurch, halluzinogene Wirkungen hervorrufen können. Sie finden sich in Moorgegenden, in der Nähe von Bergwerken (Schwaz im Inntal) und auch in der Wildschönau. Zwischen Nußdorf und Neubeuern erstreckt sich das große Breitseemoos, eine Moorgegend, die vom Inn bis an den Fuß des Samerbergs hinreicht. In diesem Moor befinden sich ebenfalls Irrwurzen. Wenn ein Wanderer versehentlich auf eine solche tritt, findet oder erkennt er seinen Weg nicht mehr. Gar mancher soll auf diese Weise im Moor umgekommen sein.

IRRWURZEN BEI NUSSDORF IM BAYERISCHEN INNTAL

Einmal ging ein Bauer nachts durchs Moos nach Hause. Da trat er auf eine Irrwurz und konnte nicht mehr herausfinden. Voller Angst ging er kreuz und quer durch das sumpfige Land und fand seine Straße einfach nicht wieder. Schlimm erschrocken ist er dann noch obendrein, als ein bläuliches Lichtlein auf ihn zugewackelt kam. Bei jedem Schritt und Tritt, den er unsicher tat, begleitete es ihn, und es war in geringem Abstand mal neben ihm, mal vor oder hinter ihm. Schließlich dachte der Verirrte: »In der Finsternis finde ich meinen Weg sowieso nicht mehr.« Was konnte er schon Besseres tun, als sich ins Erikakraut zu setzen und an einen Baum gelehnt den Morgen abzuwarten?

Endlich, endlich graute allmählich der neue Tag. Von fern her hörte der Bauer eine Kirchenglocke zum Morgengebet läuten. Da verschwand auch das blaue Licht, das die ganze Nacht um ihn herumgeflackert war. Er erhob sich von seinem unbequemen und kalten Lager und sah zu seinem Erstaunen, dass er nur wenige Schritte von der Straße entfernt war, die nach Nußdorf hineinführt. Nun strebte er schnellen Schrittes seinem Zuhause zu. Die Macht der Irrwurz war durch das Gebetläuten gebrochen worden.

IRRWURZEN IM BRIXENTAL

Auch in zwei Wäldern des Tiroler Brixentals kommen Irrwurzen vor. Im Bruggberg-Walde und im Aunerwalde sind solche Wurzen zu finden. Die Wirkung der Wurzen in dieser Gegend ist aber nicht angsteinflößend, sondern einschläfernd, wohlig und seligmachend, mitunter sogar euphorisierend, wie eine Begebenheit an der Südseite des Wilden Kaisers belegt.

Einst ging ein Wildschönauer nach Söll zu einem Bekannten. Er benützte den Weg über den Bruggberg, der ihn schneller an das Ziel führen sollte. Es war bereits dämmrig, als er zu Oberfoisching nach dem Weg fragte. Die Bäuerin sagte ihm den Weg genau an, da es aber schon sehr dämmrig war, fügte sie die Mahnung hinzu: »Bleib bei uns über Nacht, denn wenn du auf eine Irrwurz trittst, so kommst du sieben Tage nicht mehr aus dem Wald.«

Der Wildschönauer schlug die Warnung der Bäuerin in den Wind und ging den Weg weiter. Bald wurde es dunkel, es kam die Nacht und nach einer Weile schien der Mond in verschwenderischer Helligkeit. Der Mann aber fand nicht mehr aus dem Walde. Nach stundenlangem Umherirren kam er zu einer moosigen Wiese, an deren Rande er sich unter einem Baume niederlegte, um den Tag zu erwarten. Aber es wurde nicht mehr Tag. Immer wieder wurde der Wildschönauer wach und immer schien der Mond gleich hell. Die Schatten der Bäume, das wunderbare Dunkel im Walde war so berauschend, dass er sich unter dem Baume aufrichtete und nur diese Schönheit betrachtete.

»Steh auf und geh los, die Irrwurz führt dich«, vernahm er eine wohlklingende Stimme. Der Bezauberte ließ sich dies nicht zweimal sagen. Er folgte, wohin ihn seine Füße führten. Nach einer unbestimmten Weile kam er zu einer alten Lärche. Um diese Lärche herum tanzten drei Berggeister.

»Was tanzt ös da?«, fragt der Bauer.

»Den Irrwurzentanz mit Waxlaubkranz«, antworteten die Berggeistlein. »Tanz mit! Tanz mit!«

»Meine Füaß seind z'alt«, schlug der Wildschönauer, nun doch ein wenig misstrauisch geworden, die Einladung ab.

»Niemand is z'jung, niemand is z'alt, Mitternacht kimmt bald«, erwiderten die Berggeistlein.

Der Bauer tanzte nicht mit. Er wartete bis Mitternacht und als dann der ganze Spuk verschwand, legte er sich zu dieser Lärche hin und schlief bald ein. Als er am nächsten Morgen wach wurde, trat er seinen Weg an und kam gegen Mittag aus dem Labyrinth des Irrwurzwalds hinaus. Es waren aber inzwischen sieben Tage vergangen.

Sein ganzes Leben ging er nie mehr diesen Weg, denn das Erlebnis in jener Nacht wirkte in ihm so nach. Auch ging er Zeit seines Lebens zu keiner Tanzunterhaltung mehr. Dass er mit den Berggeistern nicht mitgetanzt hatte, war sein Glück gewesen, weil er dadurch wieder aus dem Wald herausfand. Wenn er mitgetanzt hätte, wäre er sicherlich in das geheimnisvolle Innere des Wilden Kaisers gezaubert worden und erst dann wieder herausgekommen, wenn seine Haare schneeweiß geworden waren.

Die Sagen von den Irrwurzen werden stets als Hinweis auf den Tod gebraucht, denn wer auf eine Irrwurz getreten ist, der kommt nicht mehr gesund zu den Seinen zurück, wenn er überhaupt noch zurückkehrt. So hatten die Leute der vier Westendorfer Höfe Burwegen, Degenmoos, Schwaigern und Tappen das Unglück, auf dem Wege durch den Aunerwald auf eine Irrwurz zu treten. Sie kamen alle nie mehr nach Haus.

VERSTEINERTE JÄGER

Auf dem Staufen bei Reichenhall finden sich zwei Felsen, die der Volksmund die »steinernen Jäger« nennt. Hierüber erzählt die Sage Folgendes:

Zwei Jäger stiegen einst lange vor Tagesanbruch hinauf auf den Staufen. Der Weg war beschwerlich und ermüdend, dennoch erreichten sie noch vor dem ersten Morgenrot ihr Ziel. Während sie sich etwas ausruhen, drang der Glockenklang an ihr Ohr, der die Gläubigen zur Frühmesse einlud. Die beiden Jäger hörten den Klang, achteten aber nicht darauf. Statt zu beten, stopfte sich der eine seine Pfeife mit Tabak, der andere putzte seine Büchse, dazu ließen sich beide den Branntwein schmecken. So verging eine kleine Weile, da tönte das Glöcklein wieder aus dem Tale herauf.

»Jetzt wandeln s' erst«, sagte der eine Jäger lachend, »aber wir wandeln schon drei Stunden lang!«

»Ja, hinwandeln, herwandeln, rundumadumwandeln«, erwiderte der zweite spöttisch, »mir wär' ein Gamsbock lieber.«

Sodann ergriff jeder wieder seinen Stutzen, und weiter ging's. Da erblickten sie in einem Graben einen starken Gamsbock, der musste ihnen gehören!

Flink legte der eine an, schoss los, der Bock aber blieb stehen, war nicht getroffen. Geschickt kletterte er die Felsen hinauf und verbarg sich hinter einem Vorsprung. Die beiden stiegen ihm nach, aber der Gamsbock spielte das Spiel weiter und lockte sie immer höher und höher. Endlich stand er in voller Pracht wie geschnitzt auf einem felsigen Absatz und blickte sie spöttisch an. Der andere Schütze wollte es nun besser machen, hob die Büchse zur Wange, zielte und schoss. Da hallte es in den Bergen wider, großmächtig grollte der Donner, dass der Boden unter ihren Füßen erbebte. Erschrocken hielten sie inne und starrten einander entsetzt an. Da drehten sie sich herum und blickten auf den Gamsbock, der noch ein paar Schritte ins Kar hinübertat und dort niedersank.

Was sie dann sahen, ließ ihnen die Haare zu Berge stehen: Der Bock schien plötzlich zu wachsen, immer größer und größer wurde er. Seine Gestalt streckte sich, das Fell verwandelte sich vor ihren Augen in zottiges Haar, die »Gamskrickeln« formten sich zu Hörnern um, die Augen entflammten zu Feuerrädern, und wie in einem Flammenmeer stand der leibhaftige Gottseibeiuns vor ihnen.

»Jetzt gnade uns Gott!«, riefen beide zu Tode erschrocken aus und begannen bergab zu laufen, um dem Ungeheuren zu entfliehen. Aber immer schwerer wurden ihnen die Füße, die Luft gelierte zu einem Sulzenstand, so zäh, dass sie bei größter Anstrengung keinen Schritt von der Stelle und dem Tal zu kamen. Jetzt kroch auch noch dichter Nebel über das Joch, der Himmel umdüsterte sich, grelle Blitze durchkreuzten das Firmament und dröhnende Donnerschläge erschütterten den Berg.

In ihrer Verzweiflung begannen die beiden Jäger zu beten, doch zu spät: Nicht einmal ein Schrei war zu vernehmen, selbst der erstarb ihnen auf den Lippen, unheimlich war es auf einmal, unheimlich und still.

Als sich der Himmel endlich wieder aufhellte, steilten sich zwei graue Felsen, die davor nicht dagewesen waren, aus dem Kar auf: Es waren die beiden Jäger, auf immer und ewig in harten, klotzigen Stein verwandelt.

DIE WILDE JAGD

Zu den bekanntesten Geistererscheinungen in den Alpen, aber auch bis weit in den Norden hinauf, über ganz Europa verbreitet gehört die »Wilde Jagd«, auch als **Gejaid** oder **d´Wilde G´fahr** bezeichnet. Es ist ein Zug von Jägern, Jagdhunden, gehetzten Tieren, rollig miauenden Katzen, begleitet von Sturmbrausen, Peitschenknallen und Jagdhörnern, Geklirr, Geschrei und Gejohle. Der Zug der Wilden Jagd ist nicht sichtbar, ist nur als eindringliche Kakofonie von Luftstimmen wahrnehmbar, ihr Lärm scheint aus allen Richtungen daherzukommen, aufzusteigen und über die Baumwipfel dahinzujagen. Die ganze Luft wird von der Wilden Jagd erfüllt, sie ist aber materiell nicht lokalisierbar, ihr Ort und ihr Impuls existieren nur, wenn Menschen die Wilde Jagd mit ihrem Gehör wahrnahmen.

Nach den Sagenerzählungen sind es die Geister ehemaliger unbarmherziger Jäger, die zu Lebzeiten Menschen und Tiere arg misshandelt hatten und zur Strafe für ihre Freveltaten mit Geschrei und rastloser, stürmischer Unruhe in der Luft umhergetrieben werden.

Wenn man von der Wilden Jagd erwischt wird, was einem vor allem während der Raunächte zustoßen kann, wird geraten, sich sofort in die Fahrspur des Wegs zu werfen und den Kopf nicht zu heben. Spöttisches Zurückrufen und Nachahmen der Geräusche zieht sofortige Bestrafung nach sich und wird mit Hochheben, Mitnehmen und durch die Lüfte Tragen geahndet (siehe: Leutvertragen). Der vorlaute Spötter findet sich dann in fremder Gegend, auf hohen Bergen oder sogar in fremden Ländern wieder und findet tagelang nicht mehr zurück.

Es wird auch dringend davon abgeraten, die Wilde Jagd mit aus dem Fenster gestrecktem Kopf zu verfolgen. Es kann sonst dazu kommen, dass der Kopf so stark anschwillt, dass man ihn nicht mehr zurückziehen kann.

DIE WILDE JAGD IN DEN MIEMINGERN

Der alte Viehdoktor Cäsar von Obermieming war oft spät noch unterwegs, wenn das kranke Vieh seine Heilkünste in Anspruch genommen hatte. Er begegnete auf diesen nächtlichen Gängen öfters der »Wilden G'fahr« – in der Luft hörte er fürchterliches Brausen und Geschrei, und mit wildem Stürmen stob die jagende Meute auseinander. Wenn auch der Viehdoktor immer etwas »G'weichts«[17] bei sich trug, so warf er sich doch rasch zu Boden, denn wen die Wilde Jagd erwischt, den nimmt sie mit und stellt ihn erst auf einem hohen Berg wieder ab.

Auch von Verletzungen durch die Wilde Jagd wird immer wieder berichtet, wie hier in einer Sage aus dem inneren Zillertal:

DIE WILDE JAGD IM ZEMMERGRUND

Einst weilte ein Mann hinten im Zemmergrund nach dem Gebetläuten auf dem Felde, als das Höllengesindel daherzog. Er verbarg sich unter einer Brücke, und die Fahrt zog über die Brücke hinweg. Als er aus dem Schlupfwinkel kroch, merkte er, dass ihm das linke Knie wehtat, und wie er heimwärts ging, wurde der Schmerz immer größer und größer. Er hatte fünf Jahre lang viel Geld verdoktert, doch alles war vergebens; auch mit geweihten Dingen konnte ihm nicht geholfen werden. Da riet ihm endlich ein altes Geißweibele, er solle in der gleichen Nacht an den gleichen Ort sich hinstellen. Der Mann befolgte diesen Rat und die Wilde

---

[17] Geweihte Gegenstände, Weihwasser oder Totems

Jagd zog auch richtig vorüber; dabei raunzte der Führer: »Hier zieh' ich mein Häcklein wieder aus, das ich vor fünf Jahren eingeschlagen habe«, und der Mann ist wirklich wieder frisch und gesund geworden.

Im Vorüberziehen übergibt die Wilde Jagd auch die Extremitäten von Tieren (Pferdefüße oder Ähnliches), aber auch von Menschen an vorwitzige Augenzeugen weiter mit der Auflage, diese sorgsam aufzubewahren. Diese Teile werden in der Regel übers Jahr wieder zurückgenommen:

Ein Mädchen in Wälschtirol war in einer Nacht gerade am Einschlafen, als sie unter ihrem Fenster vorbeiziehende Jäger und Hundegebell hörte. Leichtsinnig wie sie war, sprang sie vom Bette auf ans Fenster und rief die Vorübergehenden um einen Jagdteil an. Ohne ein Wort zu sprechen, reichte ihr einer einen Hasen hinauf. Sie nahm ihn, dankte und wünschte den Jägern gute Nacht, aber diese erwiderten nichts und zogen weiter. Das Mädchen legte den Hasen auf den Tisch und ging wieder zu Bette. Doch am Morgen fand sie auf dem Tische statt des Hasen einen menschlichen Schenkel (»la gamba d'un cristiano« — eines »Christenmenschen«). Ganz erschrocken eilte sie zum Geistlichen, erzählte ihm den Vorfall und bat ihn um Rat. Dieser riet ihr, sich nach einer schwarzen Katze umzusehen, dieselbe zu sich zu nehmen und, wenn in der Nacht die Jäger wieder vorbeizögen, zu rufen: »Holt eure Jagd wieder!« Dann solle sie schnell ins Bett gehen, die Katze aber fest an sich drücken. Sie tat es: Die wilden Jäger drangen mit furchtbarem Lärm ins Zimmer und drohten ihr schrecklich, allein sie hielt die Katze fest und so mussten die Jäger endlich mit dem Schenkel wieder abziehen, ohne dass dem Mädchen ein Leid widerfahren wäre.

Als Erklärung für die Wilde Jagd dürfte dienen, dass in diesen Geschichten symbolisch »Heidentum« und »Christentum« miteinander kämpfen, also dass ihnen Um- und Neudeutungen alter Mythen und Geschichten zugrunde liegen. Sogar in Kanada werden Geschichten von der Wilden Jagd erzählt, haben sich dort mit indianischen Mythen verbunden, deshalb fahren beziehungsweise paddeln die kanadischen wilden Reiter in einem Kanu über den Himmel.

KASERMANDL

Kasermandl hausen auf Alm- oder Alphütten, auf denen noch gesennt, also Käse hergestellt wird. Sie vertragen sich mehr oder weniger gut mit dem Almpersonal, wobei ein freundschaftliches Miteinander zwischen Senner und Kasermandl für die Alm immer zu beiderseitigem Vorteil gereicht. Zu erkennen sind diese Almgeister an ihrem Mantel von eisengrauer Farbe und ihren erdfarbenen, runzeligen Gesichtern. Sie gehören zur Gruppe der Norken, und deren Charakter ist in der Regel freundlich, fürsorglich und hilfsbereit, manchmal auch verspottend, nachtragend und ein wenig ihren wechselnden Stimmungen ausgesetzt. Sie achten aufs Vieh und führen es auf die besten Weiden, kurieren Krankheiten und helfen beim Kasen. Wenn die Tiere und die Hirten von der Senne abgezogen sind, sammeln sie alles zusammen, was diese weggeworfen, verloren oder vergessen haben. Sie können sich aber mitunter nicht mehr erinnern, was sie wo aufbewahrt haben.

Kasermandl verarbeiten alle Überreste zu Käse und überleben dadurch selbst strenge Winter, die sie mehr oder weniger in einem Ruhezustand verbringen. Verscherzt man es sich mit ihnen, treten ihre eigensinnigen, störenden, mitunter hinterfotzigen Eigenschaften zutage:

DER PFANDLBRATEN

Ein Wildschütz war im Winter über die verschneiten Almen aufgestiegen. Das Jagdglück war ihm hold, er hatte in der Nacht eine Gams vor die Flinte bekommen und sie mit einem Schuss erlegt. Um keine Spuren zu hinterlassen, weidete er das Tier am Waldrand aus, in der Hoffnung, dass der hungrige Fuchs alle Überreste ratzeputz vertilgen würde, bis auch kein verräterischer Rest mehr im Schnee übrig bliebe.

Die so präparierte Gams hob er auf seine Schultern und spurte mit der Last hinunter auf die Almen zu, die in der tief verschneiten Landschaft als kleine Hügel, nur an den aus dem Schnee herauswachsenden Holzkaminen erkennbar, im Simmerlicht dalagen. Der Wildschütz stieg über das unverriegelte Stallfenster ein, im Rucksack hatte er die Leber des Tiers, und auf diese Köstlichkeit freute er sich.

In der Kuchl der Alm heizte er den Ofen an, rieb sich die Hände über dem Feuer warm, setzte auch einen Topf mit Schnee auf den Ofenring und nahm die Pfanne aus dem Gestell.

Das Kochgeschirr erhitzte sich auf dem Holzfeuer, der Wildschütz warf einen Schnitz Butterschmalz hinein, und als dieses zu brutzeln begann, legte er die Gamsleber in die Pfanne.

In diesem Moment begann es hinter dem Pfannengestell zu rumpeln und zu werken, der Schütz erschrak zutiefst, und aus dem sauber aufgeräumten Almutensilien kroch ein kleines Mandl hervor, streckte sich, schnupperte, zog alsdann den Duft tief ein und krächzte mit heiserer Stimme: »Teufel! Riecht des guat! Was hab ich für an Hunger!«

»Ich hab aber nur an kloana Bissn, und ein paar Nussen hab ich noch dabei!«

»Brauchst ma nix abgeben. Ich kann für mich selber sorgen«, gab das Kasermandl zurück, holte sich ebenfalls eine Pfanne und stellte sie daneben. Dann griff er in die Holzlege, zog daraus eine große Kröte und warf sie in die heiße Pfanne.

Das Kasermandl rüttelte diese, sodass die Kröte auf beiden Seiten angebraten wurde. Es warf aber immer wieder einen schmachtenden Blick zur Gamsleber hinüber, drückte mit seinen schmutzigen Fingern auf das Fleisch, schleckte sie ab und seufzte tief: »So viel guat is des. Leider, mein Nachtmahl dauert noch!«

Die Kröte in der Pfanne begann jetzt immer mehr zu stinken, ein abscheulicher Odem verbreitete sich in der Kuchl und den Wilddieb begann es zu würgen.

»Ja sind da alte Hadern in der Pfanne drin? Das stinkt ja abscheulich!«

»Man muss es nehmen, wie es ist, der Hunger treibts nunter!«, antwortete das Kasermandl. »Kann net jeder so fürstlich speisen wie der Herr Wildschütz!«

»Mir langts!«, rief der Angesprochene, »und mir grausts, dass mir der Glust vergangen ist!« Schnell warf er seinen Lodenumhang über, zog die Fäustlinge an und flüchtete aus der übel verrauchten Kuchl ins Freie.

»So war des net gmoant!«, rief ihm der Geist hinterher. »Trotzdem: Dank schön für des guate Stück!«

Im Davoneilen bemerkte der Wilddieb noch, wie die Kröte unversehrt wieder aus der Pfanne sprang und sich in der Holzlege versteckte. Das Kasermandl hatte sich schon die Gamsleber aus der Pfanne gegabelt und zog genießerisch den Duft ein.

Hungrig, aber unversehrt stapfte der Wilddieb mit der Gams auf der Schulter durch die Winternacht ins Tal.

Die andere Seite, der fürsorgliche Charakter der Kasermandl, zeigt sich an einem Vorfall auf einer Alm über Ried im Stilluptal:

DIE REISIGSAMMLERKINDER

Eine Frau schickte ihre beiden Kinder im Spätherbst hinauf gegen die Alm, um Reisig zu holen. Die Kinder waren fröhlich und vergnügt, spielten im Wald und gerieten in die Dämmerung. Da sie in der Nähe der Umbrückler Alm waren, traten sie ein, machten ein Feuer und aßen das mitgegebene Brot. Da brach urplötzlich der Winter ein, der Sturm jagte ums Haus, dichte Schneeflocken trieb er vor sich her und wehte und deckte Wege und Steige zu.

Während draußen das Unwetter wütete und die Hütte im Sturm knurrte wie ein alter Jagdhund, kam mit einem Mal ein Kasermandl hinter dem Pfannengeschirr hervor und sprach: »*Kinder! Heut könnt ihr nimmer gehen. Ihr findet keinen Weg mehr. 'S ist besser, wenn ihr die Nacht über heroben bleibt.*«

Das Mädchen begann zu weinen: »*Die Mutter wird sich große Sorgen um uns machen!*«

»*Besser eine durchsorgte Nacht, als wenn ihr euch verirrt und in der Kälte draußen erfriert. Bleibt da und geht lieber morgen nach Haus.*«

Das sahen die Kleinen schließlich ein, das Kasermandl kochte ihnen noch ein süßes Mus, erzählte eine Geschichte und die beiden fielen auf der Ofenbank in einen tiefen, tiefen Schlaf.

Als sie daraus erwachten, bereitete das Kasermandl bereits die Morgensuppe und gab jedem Kind noch ein gutes Stück Butter mit auf den Weg.

Wie erstaunt waren die Kleinen, als draußen die Sonne lachte, die Vögel zwitscherten und frisches Grün wuchs.

»*Sehts, heut ists besser als gestern. Kommts gut heim!*«*, rief das Mandl hinterher. Sie bedankten sich, nahmen ihre Reisigbündel und sprangen hinunter ins Tal.*

Im Dorf drunten stand die Mutter vor dem Haus, doch ihr Gesicht war grau und sie war von Trauer und Gram gebückt, ihre Augen betrübt ohne jeden Glanz. Sie fuhr in freudigem Erschrecken zusammen, als sie die Kinder erblickte, umarmte sie und wollte sie gar nicht mehr loslassen.

»Warum seid ihr so lang fortblieben, und wo seid ihr gewesen?«, fragte sie unter Tränen.

»Aber Mutter, wir waren doch nur über Nacht fort!«

»Über Nacht? Den ganzen Winter seid ihr weg gewesen. Seht ihr nicht, es ist Frühling geworden!«

Da erzählten sie, wie sie vom Schneesturm überrascht und vom Kasermandl in Obhut genommen worden waren. Sie zeigten der Mutter den Butterknollen, den ihnen das Mandl mitgegeben hatte. Ein ganzes Jahr lang konnten sie von dieser Butter abschneiden, ohne dass sie weniger geworden wäre.

KÄSERTÖRGGELEN

Den ganzen Sommer über wohnen unsichtbar die Käsertörggelen auf den Stubaier Almen. Es sind geisterhafte Kinder, ganz harmlos im Allgemeinen, bloß den Vorwitz können sie nicht vertragen. Um Martini ziehen sie von der Alm ab, und da segnen die Leute ihre Häuser, bevor sie abends zwischen acht und neun Uhr im Dorfe vorbeiwandern. Man verschließt dann die »Balklan«, wie die Fensterläden hier genannt werden, so fest wie möglich.

Einmal war ein neugieriger Knecht, der heimlich hinausschaute. Da zogen sie gerade vorbei, eine ungezählte Kinderschar. Schon kamen die letzten heran, auf einmal erklang eine Kindesstimme: »Geh, tu dö Balklan zu!«

In dem Augenblick erblindete der Knecht. Er versuchte alle möglichen Mittel zur Heilung, er fragte auch fromme Geistliche um Rat, alles vergebens. Da riet ihm endlich eine alte Bäuerin, übers Jahr an Martini wieder hinauszuschauen. Er probierte es. Richtig hörte er, wie die geisterhaften Kinder wieder vorbeiwanderten. Aber das Augenlicht kam ihm nicht zurück.

Schon glaubte der Knecht, der Zug wäre vorüber, als eine zarte Stimme ertönte: »Geh, tu dö Balklan auf!« Von dem Moment an durchflutete das Tageslicht seine Augen und er war wieder sehend.

KREUZZEICHEN

Kreuzzeichen, mit dem Messer in den Boden gemalt oder an Wegkreuzungen in Baumrinden geschnitzt, halten die Wilde Jagd und viele andere böse Geister von ihrem schädlichen Tun ab.

LEUTVERTRAGEN

Das »Leutvertragen« bedeutet nicht, dass sich die Menschen untereinander achten, respektvoll und friedlich miteinander umgehen sollen, sondern es hängt mit der Wilden Jagd zusammen. Diese verfügte über die Macht, Menschen, insbesondere vorlaute, sich selbst überschätzende oder trunkene junge Männer mit sich zu schleifen und durch die Luft zu tragen. Nach solchen unfreiwilligen Flügen wurden diese oft Hunderte Kilometer entfernt mehr oder weniger unsanft abgesetzt, oft aus mehreren Metern Höhe abgeworfen. Dieses unvermittelte Abwerfen führte zu entsprechenden Blessuren und auch ernsthaften Verletzungen. Die unfreiwilligen »blinden Passagiere« der Wilden Jagd hatten danach ihre liebe Not, in fremder Umgebung und ohne Sprachkenntnisse zu erfragen, wohin sie vertragen worden waren. Alsdann ging es oft in tagelangen Fußmärschen auf den Heimweg und zurück an den vertrauten Wohnort:

Beim Scherweiher bei Hardenberg wurde ein Mann von der Wilden Jagd abgesetzt, der kein Wort Deutsch konnte und eine ganz fremde Sprache redete, so weit her hatte ihn das Gjoad mitgenommen.

* * *

Ein Mann in der Gegend von Braunau lachte über alle Vorsicht gegen das Wilde Gjoad. Als er diese im dichten Wald bei Siegertshaft herannahen hörte, warf er sich nicht zu Boden, sondern blieb verwegen stehen. Die Jagd war schon ziemlich nahe, da sprang ein Geißbock herbei und rief:»Sitz auf und halt dich bei den Hörndln!« Der Mann zeigte keine Lust dazu, doch der Bock rannte ihm zwischen die Beine und unfreiwillig musste er aufsitzen und über Stock und Stein mitreiten. Mit zerfetzten Kleidern blieb er am Morgen in der Nähe von Vorau bei Michaelbaiern liegen.

* * *

Im Mühlviertel wurde einst ein Mädchen vom Nachtgjoad entführt und kam erst nach zwei Jahren zurück. Auf Befragen brachte man nichts aus ihr heraus und auch später, als sie längst Frau geworden, sagte sie nur:»Ich kann es nicht sagen, es war alles so schrecklich.«

Ähnliches passierte einem sogar namentlich bekannten Garmischer, Herrn Joseph Ostler, im Jahre 1815:

Da war auf dem Markt beim Gabelerwirt eine Hochzeit, welcher auch dieser Joseph Ostler beiwohnte. Als er nun um elf im Begriff war, nach Hause zu gehen, ward er in die Lüfte gehoben und unsichtbar gemacht. Vergeblich suchte die alarmierte Bevölkerung alle Gewässer, Gräben und gefährlichen Plätze der Umgegend ab. Man hatte ihn schon aufgegeben, da tauchte er zwölf Tage später wieder auf. Befragt, wo er denn so lange gewesen sei, gab er nur so viel zur Antwort, dass er im Engadin im Kanton Graubünden mitten unter die Leute abgeworfen worden sei. Diese hätten rätisch geredet, was er nicht verstanden habe. Nur mit Mühe und mit Händen und Füßen sei es ihm gelungen, sich so weit verständlich zu machen, dass man ihm die Lage und Himmelsrichtung seiner Heimat Garmisch beschreiben konnte. Die habe er endlich nach zwölf Tagen und einer langen Wanderung am Inn entlang und über verschiedene Pässe wieder erreicht.

Dass die Wilde Jagd mitunter als Ausrede für ein nicht genehmigtes Entfernen von einer unangenehmen Arbeitsstelle, einem Ausflug hinweg von Dorfgemeinschaft oder Familie diente, ist aber nicht auszuschließen.

LINDWÜRMER

Der Lindwurm[18] gilt als zweibeinige Gattung beziehungsweise Unterart in der Familie der Drachen. Sein Habitat sind Seen, Fließgewässer und Klammen, er bevorzugt das modrig-feuchte bis nasse Element.

Lindwürmer werden als Auslöser für Überschwemmungen und dadurch ausgelöste Erd- und Felsrutsche gesehen. Sie hausen in der Regel im Erdinneren, vornehmlich in Höhlen, treten aber in zerstörerischer Absicht ans Tageslicht. Mit ihrer destruktiven Kraft können sie Quellen und Bäche »umbeißen«, sodass diese ihren Lauf verändern und dadurch großen Schaden verursachen. Manchmal führt diese Art der »Landschaftsmodellierung« aber auch zum Tode des verursachenden Lindwurms:

---

[18] mhd.: lintwurm

DER LINDWURM IM STEIRISCHEN ENNSTAL

Eines Tages entstand ein furchtbares Unwetter mit anhaltendem Wolkenbruch, sodass sich in kurzer Zeit das Seebecken mit riesigen Wassermassen füllte, die alles weithin überschwemmten. Schließlich durchbrachen die angesammelten Fluten mit furchtbarer Gewalt die wilde Felsenklamm der »Schlursen« und rissen den Lindwurm mit sich. Tosend und schäumend wirbelte das Wasser zu Tal, entwurzelte Bäume, lockerte Felsen und schleuderte den hilflosen Lindwurm von einer Felsenwand zur anderen. Als die tobenden Wassermassen das breite Ennstal erreichten und nun ruhiger dahinflossen, blieb der tote Lindwurm bei Untergrimming liegen. Das Fleisch des Ungeheuers verweste ziemlich rasch, verpestete aber weithin die Luft. Die Knochen aber waren so fest, dass das riesige Skelett des Tieres noch viele Jahre lang erhalten blieb.

Wie Drachen können auch Lindwürmer mithilfe kalkgefüllter Giftköder (zum Beispiel ausgenommene Ochsen) getäuscht, überlistet und getötet werden. Auch durch ein Heufuder, vermischt mit Schwarzpulver, das mit einer entsprechend langen, brennenden Zündschnur versehen vom Lindwurm verschluckt wurde, konnte in Griffen in Kärnten ein solches Untier in Stücke zerrissen werden.

Lindwürmer schmücken die Wappen zahlreicher bergnaher (Klagenfurt) und bergferner Orte und Städte (Wurmansquick in Niederbayern, Jevenstadt in Schleswig-Holstein, Stordal in Norwegen). Auch Straßen (Lindwurmstraße, München) und

Gaststätten (Lindwurmstüberl, ebendort)[19] sind nach dem Fabeltier benannt.

Bei Bergwanderungen ist, zum Schutz vor dem Untier, auf laute Geräusche zu verzichten: »Deshalb, weil kein Mensch weiß, wann der Lindwurm wirklich ausbrechen wird, werden die Hirtenbuben oft ermahnt, sich auf den Bergen ruhig zu verhalten, um den Lindwurm nicht zu wecken.«

---

[19] Trotz jahrelanger beobachtender Feldforschung konnte der Autor im Lindwurmstüberl keines Lindwurms ansichtig werden. Vermutlich ist er aufgrund des hohen Verkehrsaufkommens von dort weggewandert.

WILDE MANDL

Wilde Mandl tauchen vor allem im Tiroler Hochalpenbereich (Ötztal, Stubai, Zillertal, Tauern) auf, haben sich aber bis in die Dolomiten ausgebreitet. Sie zeichnen sich, wie viele Wesen aus der Anderwelt, durch widersprüchliche, ungestüme und verhaltene, komische und traurige Eigenschaften aus. Mitunter versuchen sie sogar gastfreundlich zu sein, wenn auch auf sehr unbeholfene Art. Ihre Fähigkeiten bei der Speisezubereitung sind nur unempfindlichen Mägen zuträglich. Sie arbeiten und helfen aber gerne mit, wenn auch mit unkontrollierbarer Impulshaftigkeit und ohne rechtes Ziel. Sie tragen etwas von einem zurückliegenden, selbstverschuldeten, schlimmen Ereignis in sich, dessen sie sich aber schämen und das sie durch ihr Gutwesentum gerne ungeschehen machen wollen.

DER WILDE MANN

Auf dem Schlern in den Dolomiten war es einmal wieder Frühjahr und aper geworden und ein neuer Schwaiger kam hinauf und richtete sich in der Sennhütte ein. Wie die Nacht hereinbrach, kroch er auf den Heustock und machte sich in dem spärlichen Heu, das noch vom vorigen Jahr dort verblieben war, sein gemütliches Nest. Er war kaum eingedöst, da ging die Tür auf und herein trat ein wilder Mann. Der Schwaiger tat, als ob er nicht da wäre, und blieb mäuschenstill.

Der Wilde ging schnurstracks zum Herd, schürte darauf ein Feuer an, vermengte den Ruß aus dem Ofen mit Wasser und buk daraus in der Pfanne einen Blenten oder Pulggen, wie ihn die Leute heißen. Ein richtiger Pulggen wird natürlich aus dem Mehl vom Schwarzblenten, einem Heidekorn, zubereitet. Der Schwaiger schaute heimlich zu und wahrscheinlich fürchtete er sich auch.

Als nun der Plenten fertig zubereitet war, winkte der Wilde dem Senner, er solle aus seinem Versteck hervorkriechen. Dieser wagte es nicht, sich zu widersetzen, stieg also, obwohl es ihn gruselte und vor der Speise grauste, vom Heu herab und blieb vor dem Herd stehen.

Der Wilde fing an zu essen und bedeutete dem Schwaiger, mitzuhalten. Der wollte erst nicht recht, als aber der andere wegen der ausgeschlagenen Einladung wütend aufstampfte, schoppte der Schwaiger in Gottes Namen ein Stück Pulggen in den Mund. Viel wird's nicht gewesen sein. Der Wilde grinste und war zufrieden, dass der Schwaiger wenigstens ein klein wenig zu sich nahm. Und so ging's ein zweites Mal. Als sie nun beide das Mahl aufgegessen hatten, ging der wilde Mann fort und kam auch den ganzen Sommer über nicht wieder.

Mit einem Enzian und einem Zirbenbrand gelang es dem Schwaiger, seinen Magen wieder ins Gleichgewicht zu versetzen. Hätte er aber nicht mitgegessen, so hätte ihn der Wilde wohl in der Luft zerrissen.

METZENARSCH UND MARTINSDRUCK

Nicht Übersinnliches liegt diesen beiden Namen zugrunde, gemeinsam ist beiden Bergnamen der Bezug zum menschlichen Allerwertesten:

Das Martinsloch am Eiger ist eine Felsöffnung, durch die die Sonne zweimal im Jahr auf Grindelwald hinunterscheint – im Dezember und Januar. Dieser Öffnung gegenüber gewahrt man in einem Felsen den Martinsdruck, wo die Felswand in der Form eines gewaltigen menschlichen Hinterteils ausgeformt ist. Ob ein gewaltiger, sich ständig wiederholender Flatus alpinus[20] diese Felsformation modelliert hat, ist zumindest nicht auszuschließen.

Metzenarsch ist der alte Name des höchsten Gipfels in den Tannheimer Bergen. Als ein Bergführer mit der sehr berggewandten Königin Marie von Bayern, der Mutter von König Ludwig II., dort aufstieg, fragte sie ihn nach dem Namen dieses Bergs. Da Metzenarsch das Hinterteil einer Prostituierten bezeichnete, war dies dem Führer peinlich, und er benannte den Gipfel kurzerhand in »Köllespitze«[21] um.

---

[20] Bergschoas
[21] Diese Geschichte erschien bereits in dieser Reihe. Vgl. Karl-Heinz Hummel: LIEBESSAGEN aus dem Alpenraum.

MILCH- UND SCHMALZHEXEN

Eine besondere Gattung der Hexen stellen diejenigen dar, denen man die Schuld für nicht gelingendes Buttern, zu geringen Milchertrag, verdorbene Lebensmittel oder verhexte Schmalztiegel zuschrieb: »Wenn eine Kuh keine Milch gibt, ist eine Hexe daran schuld!«

Verkaufte Milch, die beim Kochen überging, gab den Hexen Macht im Haus, aber auch im Stall: Dort nämlich ließen sie die Milch im Kuheuter gerinnen. Deshalb wollten früher die Bäuerinnen überhaupt keine Milch außer Haus verkaufen.

Zum Schutz gegen die Hexen wurden auf den Flachs- und Getreideäckern geweihte Palmzweige, die »Hexenbesen«, aufgesteckt und Hexenkräuter in die Stallecken gesteckt. Es wurde ein stinkender, schwarzer Bock eingestellt, der allein mit seinem Gestank und wilden Blick die Hexen davon abhalten sollte, das Vieh krank zu machen.

Milchhexen ließen sich aber davon kaum abhalten, sie beherrschten sogar die Kunst, Milch aus Stuhl- und Tischbeinen zu melken. Ähnlich hexenhaft verzauberten sie auch das Schmalz:

Eine Pfarrerköchin kaufte bei einer Bäuerin Schmalz. Die goss es ihr gleich selbst in einen Hafen. Daheim merkte die Köchin zu ihrem Erstaunen, dass das Schmalz nicht weniger wurde. Wenn sie auch ein Stück herausnahm, das nächste Mal war das Gefäß wieder voll. Sie meldete es dem Pfarrer, der ließ das Schmalz umgießen, da saß am Grunde des Gefäßes eine lebende Kröte. Die Bäuerin wurde herbeigerufen und gestand, dass sie das falsche Geschirr erwischt habe.

Manchmal hatte die Kunst der Hexen auch etwas Gutes:

In den Franzosenkriegen prassten die französischen Soldaten, die in Kemating im Bezirk Salzburg im Quartier lagen, auf Kosten der heimischen Bevölkerung. Während die Dorfleute Hunger litten, trieben es die Soldaten in einem Bauernhaus besonders toll. Die alte Bäuerin aber war eine Hexe und sie versprach den Franzosen ein feines Mahl. Diese saßen begierig in der rußigen Stube. Die Frau machte auf dem Herd Feuer an und murmelte unverständliche Worte. Da kamen schwarze Schweine zur Tür herein und tanzten grunzend um die Alte. Sie nahm eine Pfanne und rief ihre Tiere herbei. Da hüpften Frösche und Kröten zum Herd hin und spien Schmalz in die Pfanne. Den Soldaten aber war der Hunger vergangen, sie stürmten auf und davon und umgingen das Dorf fortan weitläufig.

NACHTVOLK

Das Nachtvolk erinnert in seinem nächtlichen, spukhaften Erscheinen an die Wilde Jagd, tritt aber eher im westlichen Bereich der Ostalpen, also im Allgäuer, Vorarlberger und Montafoner Gebiet auf. Das Nachtvolk erscheint aber auch – im Gegensatz zur Wilden Jagd – außerhalb der Zeit der Raunächte. Im Gegensatz zu den wilden Jägern ist es ein eher harmloses, sehr musikantisches und sinnenfrohes Völkchen, denn es besteht aus einer unbestimmten Anzahl singender, spielender und schmausender Wesen. Begegnungen mit dem Nachtvolk verlaufen in der Regel harmlos, friedfertig und freundlich, deshalb sind Abwehrzauber hier nicht vonnöten. Für das menschliche Auge ist das Nachtvolk nicht sichtbar, für das menschliche Ohr aber deutlich und wohlklingend vernehmbar.

DAS NACHTVOLK IN FONTANELLA

Auch durch das große Türtschtobel[22] soll das Nachtvolk oft gezogen sein. Leute, die heute noch leben, haben es öfters gehört, gesehen jedoch wurde nie etwas. Ungefähr in der Mitte des Tobels führt ein Weg von Türtsch nach Mittelberg. Solange das Nachtvolk noch oberhalb dieses Wegs war, musizierte es wunderschön, sodass man gern zuhörte. Wenn es aber einmal unter den genannten Berg kam, tat es auch derart hässlich und abscheulich, dass es kaum auszuhalten war. Zuleide hat das Nachtvolk nie jemandem getan, davon wird nichts erzählt. Schon viele Jahre wurde nichts mehr gehört.[23]

Sogar am hellichten Tage soll es nach der folgenden Sage zu einer Begegnung mit dem Nachtvolk gekommen sein. Zu vermuten ist, dass ein außerordentliches Heißhungergefühl Auslöser für diese Störung des Tag-Nacht-Rhythmus war:

DAS NACHTVOLK VERSCHMAUST EINE KUH

In ein Haus auf dem vorderen Boden im Walsertal kam einmal an einem Marienfest am hellen Tage das Nachtvolk. Es war niemand zu Hause als die »Gogen«, das sind die Kinder des Bauern, die dort allein »gämmten«, also spielten. Das Nachtvolk machte es sich allsogleich bequem, holte die schönste Kuh vom Stall herein und fing an, diese zu schlachten und ihr die Haut abzuziehen. Weiters machten sie dann viel Geschäft, begannen zu sieden und zu braten und verzehrten das zubereitete Rind unter Tanzen und

---

[22] Vorarlberger Gebirgsstock
[23] Richard Beitl: Im Sagenwald. Neue Sagen aus Vorarlberg, Nr. 376 (1953), S. 214

Springen, Singen und Jauchzen und unter dem angenehmsten Trommel- und Saitengespiel. Das Nachtvolk gab auch den Kindern gar reichlich zu essen, verbot ihnen aber, ein Bein (Knochen) zu zernagen oder gar zu verlieren. Der kleinste aber versteckte ein Knöchelchen in seiner Windel.

Als alles verspeist war, suchte die Geisterschar alle Knochen sorgsam zusammen, konnte aber trotz allem Fleiß das Beindl in der Windel drinnen nicht mehr finden. Da wickelten sie die übrigen wieder in die Rinderhaut, sagten einen Spruch darüber, und siehe da: Das Tier stand lebendig auf, muhte verärgert über die zugemutete Behandlung und trampelte aus der Wohnstube zurück in den Stall. Als die Bauersleute aus der Kirche heimkamen, stand sie wieder an ihrem alten Platz, war so brauchbar als zuvor, nur dass sie diesen Fuß ein Leben lang etwas nachschleppte.[24]

Über die Fähigkeit, ein Tier nach Zubereitung und Verzehr durch Auslegung der Knochen auf Haut beziehungsweise Decke wieder zu revitalisieren, verfügen auch die Saligen Frauen. Die Geschichte der weißen Gams, erlegt durch einen Jäger, belegt diese ressourcenschonende Lebensweise.[25]

Wer heimlich am Wohlklang, der Harmonie und den tanzbaren Rhythmen des Nachtvolks teilhaben möchte, der solle sich rechtzeitig vor Morgengrauen von diesem Konzert verabschieden und entfernen:

---

[24] Das gemeinsame Verschmausen eines ganzen Rinds durch nur wenige Männer innerhalb kurzer Zeit wurde sonst nur bei nomadisierenden Völkern, zum Beispiel in Kenia im Rahmen von Initiationsriten, beobachtet.
[25] Vgl. Karl-Heinz Hummel: RAUNACHTSAGEN aus Bayern und Tirol

DAS NACHTVOLK UND DER MUSIKFREUND

Da das Nachtvolk auch sonst im Walsertal groß Aufsehen machte und gewöhnlich mit gar zierlicher Musik angezogen kam, so ging ein Liebhaber der Musik, als er es einmal kommen hörte, ihm auf den Brunnenberg nach, versteckte sich in der Hütte unter dem Dach und lauschte hier den lieblichen Weisen. Auch dem Tanzen und Spiel folgte er die ganze Nacht hindurch, wenn auch nur mit dem Gehör. Gegen Morgen machte sich nun ein Wesen nach dem andern davon, und der Letzte steckte noch, wie dem Zuschauer deuchte, ein Messer oben in den Türpfosten der Tanzhütte. In Wirklichkeit aber fuhr dieses Messer dem Fürwitzigen in sein Knie und konnte von niemandem mehr ausgezogen werden, sodass der Unglückliche es beständig an seinem Fuße herumtragen musste. Zum Glück empfand er jedoch keine Schmerzen dabei.

Da riet man ihm, er solle sich übers Jahr genau zur nämlichen Zeit wieder unter den Dachboden begeben, und als er das tat, kam wirklich die »Versammlung« wieder, und er vermerkte nun, dass gerade so wie im Vorjahr das lustige Volk zechte, tanzte, sprang und musizierte. Mit Anbruch der Morgenröte aber marschierte es pünktlich wieder ab, nur dass der Letzte über die Tür langte und sagte:»Ich will doch meinen Schnitzer wieder mitnehmen, den ich vor einem Jahr da hinaufgesteckt habe.« Da war dem Manne das Messer aus dem Knie verschwunden, und er konnte ohne Beschwerden nach Hause zurückkehren.

Weitere Erscheinungen des Nachtvolks sind im Schweizer Raum vorgekommen, oft in Zusammenhang mit dem Ableben von Menschen, die dann von einer schwarzgekleideten Schar abgeholt wurden. Als Nachtvolk im heutigen Sinne bezeichnen wir die feiernden Skitouristen in den Wintersportgebieten des gesamten Alpenraums, die dort an nächtlichen Feierriten, Rauschritualen, Trinkwettkämpfen und extatischen Tanzformen, gerne auch im Zusammenhang mit Sportereignissen wie »Streif« oder »Vierschanzentournee«, teilhaben.

NORKEN

Norken, auch **Norggen** oder **Nörggelen** sind ein verborgenes Volk, das vor allem in Tirol beheimatet ist. Norken sind steinalte, hässliche Mandln, ein großer Kopf sitzt auf einem kleinen Körper, ein langer, grauer Bart wallt über einen dicken Bauch und ihre krummen, spindeldürren Beindl können den Bauch kaum tragen.

Norken treiben gerne Schabernack mit den Menschen und sind voll Bosheit und Tücke, aber meist auf so harmlose Weise, dass sie meist die Lacher auf ihrer Seite haben. Sie ärgern Fuhrleute, indem sie sich wie Gassenbuben scharenweise an ihre schweren Weinwagen hängen, und die Pferde kaum mehr weiterkommen. Wenn es dann bergab geht, springen sie ab und schieben sogar an, dass der Kutscher in arge Not gerät.

Den Bäuerinnen legen sie Schlingen auf die Türschwellen, damit sie mit den vollen Schüsseln hinfallen sollen, und den Bauern räumen sie die Räucherkammern aus und holen ihnen das letzte Fass Wein aus dem Keller.

Im Hintertal am Jaufenpass hielten sich die Nörggelen gerne auf. Sie »tratzten« die Stallerinnen, warfen ihnen Milch- und Tränkkannen um und schnäuzten sich sogar in die Seihhadern[26].

[26] Tücher zum Ausschöpfen des Käsebruchs beim Sennen

Norken verlieben sich gern in junge, schöne Madeln und Frauen und spielen ihnen oft böse mit, wenn sie einen Korb bekommen:

Mit Vorliebe zogen sie den Dirnen beim Melken das Stühlele assunter[27], sodass sie in den Mist fielen. Manchmal blätterten sie die Stallweiber auch tüchtig. Niemals bekam man aber einen der Wichte zu fassen. Wohl verrieten dieselben ihre Anwesenheit durch neckisches Gekutter[28], das hinter dem Boren oder aus dem Mischaloch erklang.

Die Herkunft der Norken liegt im Dunklen: Im Pfitscher Tal, das sich vom gleichnamigen Joch herunter Richtung Sterzing zieht, ist man der Meinung, die Norken seien aus dem Zillertal herübergezogen. In Lana hält sich eine andere Erklärung:

Nicht alle bösen Engel, welche dem Luzifer anhingen und darum aus dem Himmel vertrieben wurden, kamen in die Hölle. Viele – die sich nur hatten überreden lassen und nicht eigentlich böse waren – blieben nämlich beim Sturz aus dem Paradies an Bergen und Bäumen hängen und wohnten seither auf der Erde – in hohlen Bäumen oder unter Steinen und in Erdhöhlen.[29]

Selbst wenn die Norken Gutes taten, geschah dies nicht ohne Spott und Hinterlist:

Waren die Nörggelen guter Laune, so hatten sie die ganze Stallarbeit schon tadellos verrichtet, wenn man frühmorgens denselben

---

[27] unten weg
[28] Gelächter
[29] Eine ähnliche Erklärung für die Existenz von Elfen, Gnomen und Irrwischen findet sich auch in schottischen, irischen und walisischen Sagen.

betrat. Auch in solchen Fällen lachten die Knirpse. Es machte ihnen eben Spaß, dass die Weiber so zeitig am Morgen völlig umsonst aufgestanden waren.

Zu sehen bekam man die Nörggelen aber nur in den allerseltensten Fällen, am ehesten glückte dies Kindern. Eines Sommertags waren die Kaserkinder vom Hintertal auf dem Weg zur Gruebe. Sie hatten das Mittagessen für die Dienstboten bei sich, welche dort Heu mähten. Ganz überrascht standen sich Norken und Kinder an einer Wegbiegung gegenüber. Da fassten die Essenträger ihr Geschirr so fest es ging und rannten so schnell ihre Beine sie trugen davon. Es war nämlich bekannt, dass die Nörggelen mit Vorliebe aufs Essen spitzen.

Auch die Samer, welche seinerzeit durch dieses Tal auf den Jaufen stiegen und Wein und Waren bis nach München trugen, litten sehr unter den Nachstellungen der bösen Wichte.

Irgendwann scheinen die Norken die Lust an ihren Streichen verloren zu haben, denn ihre Spur verliert sich:

Als die Nörggelen ihrer vielen bösen Streiche überdrüssig waren, zogen sie von Pfitsch durch das Burgumtal zur Wilden Kreuzspitze. Von dort ging's dann weiter zum See nahe der Gansöralm, welcher noch heute ihren Namen Norggensee (heute Nornsee) trägt. Seitdem sind sie nie mehr gesehen worden.

Die Nornspitze in den Pfunder Bergen über Sterzing ist auf einer einsamen Wanderung teilweise weglos erreichbar. Sichtungen von Norken oder Übergriffe auf Speck, Kas und Schüttelbrot von Bergwanderern bei der Gipfelbrotzeit sind, Gott sei Dank, nicht bekannt geworden.

ÖTZI UND SEIN FLUCH

Die von der Wissenschaft zurecht als »Sensationsfund« bezeichnete Mumie des Steinzeitjägers lässt sich keinesfalls den »Geistern« oder »verborgenen Gemeinschaften« zuordnen, obwohl »Ötzi« jahrtausendelang unter dem Eis des Hauslabjochs »verborgen« lag. Es handelt sich zweifellos um den wächsernen Leichnam eines gewaltsam zu Tode gekommenen Menschen, wahrscheinlich eines bedeutenden, noblen Herrn aus der Steinzeit.

Nachdem der Mann vom Hauslabjoch hoch oben in den Ötztaler Bergen gefunden, geborgen, untersucht, konserviert und Jahre später in das eigens für ihn erbaute Museum nach Bozen gebracht worden war, kam es in der Folgezeit zu mysteriösen Todesfällen von Menschen, die an der Bergung beteiligt beziehungsweise mit »Ötzi« in Kontakt gekommen waren. Diese Todesfälle werden von den Medien mit einem angeblichen »Fluch des Ötzi« in Zusammenhang gebracht:

Name / Beruf	Ötzi-Bezug	Todesursache	Todesalter
Henn, Rainer (Gerichtsmediziner)	War an der Bergung Ötzis (Pickel) beteiligt.	Verkehrsunfall auf Fahrt zu einem Vortrag über den Gletschermann	64
Fritz, Kurt (Bergführer)	Begleitung von Reinhold Messer zur Fundstelle, Organisation des Transports per Helikopter von Ötzi.	Spaltensturz	unbekannt
Hölzl, Rainer (ORF-Reporter)	ORF-Reporter, hat die Ötzi-Bergung gefilmt.	Gehirntumor	41
Simon, Helmut (Hausmeister)	Bergwanderer und Entdecker der Gletschermumie.	Absturz auf einem unmarkierten Jägersteig am Gamskarkogel / Salzburger Land	67
Warnecke, Dieter (Bergretter)	Beteiligt an der Suche nach dem vermissten Helmut Simon.	Herzinfarkt nach Bergung von Helmut Simon	65
Prof. Spindler, Konrad (Institut für Ur- und Frühgeschichte der Universität Innsbruck)	Erkannte vor Ort an der Fundstelle die Bedeutung des Funds. Bezeichnete die Legende um Ötzis Fluch zu Lebzeiten als »Medienhype«, scherzhaft fragte er: »Werde ich der Nächste sein?«	unbekannt	66
Prof. Tiefenbrunner, Friedrich (Uni Innsbruck)	Team Spindler, entwickelte eine Methode, die Mumie vor Bakterien und Pilzbefall zu schützen.	»Unerwarteter Tod« (Kliniksprecher) während einer Herzoperation	63

Einerseits: »Der Tod wird jeden auf lautlosen Schwingen ereilen, der die Ruhe des Pharao stört!«[30] Andererseits: Aus diesen traurigen Todesfällen einen »Fluch des Ötzi« zu konstruieren, ist eher einer medialen Inszenierung geschuldet. Jeder einzelne Fall ist natürlich erklärbar oder Folge der Berufsausübung. Aus sagenkundlicher Sicht handelt es sich beim »Fluch des Ötzi« eher um ein Konstrukt, um Humbug. In der seriösen Bergliteratur (zum Beispiel den Schriften des Deutschen Alpenvereins / DAV) findet sich keine Erwähnung dieser Legenden.

---

[30] Hieroglyphen-Inschrift im Grabe Tutenchamuns

PERCHT (AUCH BERCHT)

Von ihrem Ursprung her ist die Percht eine von drei vorchristlichen Göttinnen, die sich in vielen Sagen als die »Drei Saligen« oder auch als »Drei Wildfrauen« finden. Die Percht verkörpert die dunkle, dem Tod oder Jenseits zugewandte Frau. Sie erscheint in vielen Gestalten, alt und ärmlich, trägt einen Korb, führt einen Karren mit sich oder fährt einen Wagen. Sie begleitet so die Seelen auf dem Weg hinüber in die Anderswelt. Mit der Christianisierung, der Taufe und der Vorstellung von Hölle, Fegefeuer und Paradies verlor die Percht diese begleitende Funktion, ihr Charakter wurde ambivalenter. Was ihr blieb, war die Aufgabe, die ungetauft verstorbenen Kinder zu betreuen und mit diesen durch die Zwischenwelt zu ziehen. In den Raunächten, besonders in der Perchtnacht, der Nacht vor Heilig Drei König, erscheint sie mit den ihr angetrauten Kindern. Seltsame Namen haben die, heißen Gagraunzel, Thomaszoll, Märzenkalbel, Zuserbeuterl oder Zaderwascherl.

Wenn man die Percht und diese Kinder in der Perchtnacht mit Semmelmilch beschenkt, dann segnet sie Haus und Hof übers Jahr. Vorwitzige Menschen, die der Percht übers Jahr auflauern, werden bestraft. Das Grundrepertoire der Perchtsagen ähnelt sich immer wieder, und die Percht und die Frau Holle werden als zusammengehörende oder identische Sagengestalten gesehen.

In manchen Erzählungen wird die Percht auch als Teil der Wilden Jagd beschrieben, die es besonders darauf abgesehen hat, die Sorgfalt der weiblichen Hausarbeiten zu überprüfen und bei Missfallen diese Frauen ein wenig durch die Lüfte zu schleifen.

FRAU PERCHT BEI VILANDERS

In den sogenannten Glöckelnächten[31] durfte sich niemand spät noch außer Haus aufhalten, denn die Frau Percht nahm jeden, den sie noch im Freien fand, mit sich fort. So sah sie einmal, als sie mit ihrem Wagen vorbeifuhr, eine Bauerndirn beim Brunnen, warf sie in den Wagen und fuhr damit weg. Das arme Mädel kam nie wieder zum Vorschein. Am schlimmsten zeigte sie sich aber zu Weihnachten. Da musste das Werg abgesponnen und das Garn abgewunden, das Geschirr gescheuert und alles rein und geordnet sein, wenn sie das Geschehen nicht schwer ahnden sollte.

Am Dreikönigsabend zieht die Percht mit ihrer Schar von Haus zu Haus, klopft an die Fenster und wenn sie ein Spinnrad surren hört, dann sagt sie das Sprüchl: »Spinn, spinn, morg'n bist hin.« Daher soll man in der Rauchzeit, vor allem aber am Dreikönigsvorabend bis zum dritten Tag nach Heilig Drei König nicht spinnen, will man ein gesundes Jahr erhoffen. Auch als Kinderschreck für die schlimmen Kinder tritt die Percht auf.

Mit einer Namenszuweisung werden die Kinder der Percht aus ihrer Wanderschaft durch die Raunächte erlöst:

Ein Mitterndorfer begegnete einst der Percht. Sie zog einen Karren, in dem ein Haufen Kinder waren. Ein recht zottiges, großes rannte

---

[31] Vorweihnachtliche Zeit, in der die armen Kinder von Haus zu Haus zogen und Almosen erhielten

nach. »Spring, spring, Zoderwascherl, spring, spring«, rief er, und das Kind antwortete: »Gott sei Dank, jetzt hab ich endlich einen Namen bekommen, jetzt bin ich erlöst!«

Auch im Böhmerwald tauchen ähnliche Sagen auf:

Wallfahrer gingen am Tag der Unschuldigen Kinder von Hundsdorf im Mühlviertel nach Maria Schnee in Böhmen wallfahrten. Vor sich sahen sie einen langen Zug kleiner Kinder. Das letzte verfing sich ständig im Zipfel seines Hemdchens und fiel infolgedessen immer wieder nieder. Eine Wallfahrerin hatte Mitleid und sagte: »Wart nur, mein Zuserbeuterl, ich bind' dir den Zipfel hinauf!« Da rief das Kind: »Gottlob, jetzt hab' ich auch einen Namen!« Es war ein ungetauft verstorbenes Kind, das sich dem Zug der unschuldigen Kinder angeschlossen hatte.

* * *

Die Bäuerin kocht am letzten Rauchabend nicht Nudeln, wie es an den vorhergehenden Rauchabenden Sitte ist, sondern sie kocht Krapfen, Perchtnkrapfen werden sie geheißen. Etliche Stück werden als Opfer für die Percht auf die Fensterbank gestellt, damit sie mitgenommen werden. Dies wird von den Bäuerinnen gerne geübt, denn sie glauben, wenn die Percht die Krapfen nimmt und isst, dann geht sie über das Flachsfeld und der Flachs wird im kommenden Sommer gut geraten. Einen besonders schönen feinen Zwirn kann man dann spinnen.

* * *

Die Percht reitet durch die Luft und sie hat da und dort eine Rastbank. So dienen ihr Baumstümpfe, auf denen drei Kreuze oder ein Drudenfuß ausgehackt sind, als Raststätte. Man erzählt: Die Percht war einmal sehr müde, nirgends fand sie eine Raststätte. Endlich erblickte sie einen Baumstock, auf dem drei Kreuze ausgehackt waren. Sie setzte sich darauf und als sie sich erholt hatte und weiterzog, sagte sie:»Baum wachs, wird' a Wieg'n und lass Glück daraus schrein.« Der Baumstock fing an zu sprießen und schnell wuchs ein stattlicher Baum. Der wurde gefällt und aus seinem Holze machte man eine Wiege – und kein Kind, das in dieser Wiege lag, war jemals schwer erkrankt und starb ohne Nachkommenschaft.

Auch bei nachbarschaftlichem Streit wirkt die Percht als Schlichterin, wenn auch mit ungewöhnlichen Mitteln:

Am Sonnberge bei Brixen lebte ein Bauer, der mit seinem Nachbarn in Streit lag. In der Perchtnacht stritten sie wieder sehr heftig; da flog die Percht vorbei und riss beiden die Haare aus. Durch dieses Erlebnis mussten sie ihren Streit ausreden. Im nächsten Jahre warteten die zwei Bauern versöhnt an der gleichen Stelle auf die Percht. Sie brachte ihnen das Haar wieder.

Genau aufgezeichnet wurde die Abfolge des Erscheinens der Percht im nordtiroler Brixental:

Auf dem Salvenberg (Hohe Salve) kommt die Percht in der Dämmerstunde. Auf dem Naziberg[32] zur Mitternachtsstunde; in der Windau in der zweiten Stunde nach Mitternacht. In der letzten Stunde kommt die Percht in das Spertental.

Immer wieder soll die Percht Kinder mitgenommen haben. Die

---

[32] Koseform von Ignaz

folgende Perchtgeschichte beschreibt wohl den Kampf zwischen vorchristlicher und christlicher Symbolik:

Im Windautale nahm die Percht einmal sechs kleine Kinder mit. Diese Kinder holte sie aus Häusern, an denen die Zeichen des letzten Rauchabends (C+M+B)[33] nicht angebracht waren. Als man beim nächsten Dreikönigsvorabend die Kreuzlein und Buchstaben anbrachte, da hörte man die Percht vorbeiziehen; sie sagte: »Feascht[34] war'n s' nit da, hoia schon, i geh' mit die Kinder davon und bring' sie euch, wenn die Kreuzlein geh'n.« Die Kreuzlein wurden dann im Jahr darauf weggewischt und die Percht brachte die Kinder zurück in das Haus.

Schönperchten und Schiachperchten ziehen heute bei Perchtenläufen mit, die meistens neueren Ursprungs sind. Bemerkenswert sind die Läufe der »Kirchseeoner Perchten« und die wunderbaren Masken von Bepp Schmalhofer nahe Bad Birnbach.

Manche Perchtenläufe entspringen leider mehr der Tourismuswerbung und dem Wunsch nach folkloristisch untermalter Schnapseinnahme der Perchtenläufer und Zuschauer (G'sundheit!). Der Ortsname »Berchtesgaden« wird als »Gaden, auch Garten der Bercht« gedeutet.

---

[33] Christus mansionem benedictat – lat.: Christus schütze dieses Haus
[34] Letztes Jahr

QUÄLGEISTER

Alp, **Mahre** oder **Trud** zählen zur Familie der Quälgeister. Sie sind alptraumaktiv, quälen, drücken und/oder würgen die Schlafenden, bis sie erschrocken und schweißgebadet erwachen. Oft entledigt sich der Träumende der Last des Alpdrucks durch einen heftigen Ruck, einen Aufschrei, der ihn aus dem Schlafe weckt und den Quälgeist verscheucht. Daraus schließt die Sage, dass der Alp entflieht, sobald er mit Namen genannt wird, weshalb gefangen genommene Alpmänner oder -weiber ihren Namen verhehlen. Mit dem Bekanntwerden des Namens verlieren sie nämlich ihre dämonische Macht. Durch Namensaufruf werden auch andere Unholde und Geister verscheucht: der Wechselbalg, die Hexe, der Teufel. Leider verschwinden aber auch wohltuende Wundergaben wie nie endende Flachsknäuel, sich wieder vervollständigende Käselaibe oder selbstfüllende Schnapsflaschl, sobald Vorwitz oder Geschwätzigkeit die Frage nach dem Woher der wunderbaren Erscheinung verraten.

Quälgeister sind keiner spezifischen Berggeisterfamilie zuzuordnen, sie treten in den östlichen und südlichen Ausläufern der Alpen auf, wo das Klima milder wird und Wein angebaut werden kann:

Ein durstiger Müller aus dem Burgenland ging gerne ins Wirtshaus und leerte dort so manches Achterl, Viertel, Krügerl, bis ihn der Wirt gegen Mitternacht vorsichtig auf die Beine stellte, ihn geduldig aus dem Gastraum hinausbugsierte, ihn in die Richtung seines heimatlichen Anwesens drehte und mit leichtem Schub ins Kreuz zum Losgehen animierte. Der vor ihm liegende Heimweg aber zog sich für den letzten Gast: Um sich wach zu halten, redete, stöhnte und grölte der Müller, konnte seine Zunge nicht im Zaum halten und er schimpfte und spottete auf die Geister, die am Bach und auf den östlichsten Hügeln zu Hause waren. Die aber zeigten ihm, wo der Bartel den Most holt, sie versäumten es nicht, ihn ihre Überlegenheit ordentlich fühlen zu lassen und ihm den Ärger heimzuzahlen. So trieben sie ein grausames Spiel mit ihm, bestiegen seinen Rücken, um ihn als Pferd zu benützen, hetzten ihn über Berg und Tal und zwangen ihn, sie hinüber zu den Kellern der Winzer zu tragen. Dort krochen sie beim Schlüsselloch hinein, soffen den Wein aus und füllten Jauchewasser in die Fässer. Der arme Müller aber musste inzwischen vor dem Keller im nassen Gras liegen bleiben, bis sie wieder herauskamen und ihn weiterquälten. Am Morgen nach einer

solchen Schreckensnacht fand er sich dann in einem Graben liegend, irgendwo, stundenweit von den Weinbergen entfernt, müd und matt und mit zerschlagenen Gliedern. Und das kam oft vor, denn der Hundsmüller war einem guten Glas Wein nie abgeneigt.

QUELLJUNGFRAUEN

Am Fuße des Calanda-Bergstocks über dem Dorf Haldenstein bei Chur steht eine verfallene Burgruine, zum Teil über den Felsen abgestürzt, einst der Sitz derer von Haldenstein.

Unweit der Burg sprudelt eine reiche Quelle mit herrlichem Wasser. Dort sieht man zu mancher Zeit eine weibliche Gestalt, weiß angetan, neben der Quelle sitzen. Es ist die Quelljungfrau, die Seele dieses Brunnens, die dem Wasser Kraft verleiht, Kranke zu heilen. In früheren Zeiten pilgerten viele Menschen zur Quelle und ihre Heilkraft schenkte ihnen die verlorene Gesundheit wieder. Die Quelle fließt heute noch so klar wie vor Jahrhunderten, die Quelljungfrau hat man aber lange nicht mehr gesehen und das Wasser scheint seine Heilkraft verloren zu haben.

Quellen und zugehörige Sagen weisen oft auf vorchristliche Kultplätze hin. In vielen Gebieten des heutigen Kantons Graubünden, in Tirol und in Teilen von Oberbayern wurde Rehtia als Quellgöttin von den Rätern verehrt. Sie ist *die* Muttergottheit im venetisch-alpinen Raum.

RIESEN

Riesen hausen in Höhlen, tonnenschwere Findlinge aus Granit dienen ihnen als Sitzgelegenheit[35] und riesige Gletschertische als Brotzeitplatz. Riesen gelten als plumpes, ungefüges und ungeschlachtes Volk, willig und sehr geeignet für grobmotorische Tätigkeiten, doch wenig hell im Kopf, eher gutmütig als bösartig. Trotzdem sind Riesen keine angenehmen Nachbarn für das kleinere, aber angeblich klügere Menschengeschlecht.

Früher waren Riesen groß wie die Kirchtürme und haben viele Bauwerke, Wallmauern, Burgen, auch Kirchen aufgeschichtet, von denen verstreut noch Trümmer in der Landschaft zu finden sind. Auch Riesinnen schleppten gewaltige Felsbrocken in ihren Schürzen herbei und legten sie in Schluchten, Seen oder auf Hügeln als Baumaterial ab.

Mit der Zeit vermischten sich die Riesen mit dem Menschengeschlecht, nahmen deren Gestalt und Glauben an und assimilierten sich so mit der Zeit. Doch Kraft, Appetit und Trinkfestigkeit verblieben ihrem Wesen und verrieten ihre Abstammung:

---

[35] Zum Beispiel der Wildbarren

DER RIESENHANS

Aus einer Riesenfamilie stammte der Riesenhans, der sich im Alter von siebzehn Jahren bei einem Bauern als Knecht verdingte. Dem verging schon beim ersten Frühstück die Freude an seinem neuen »Ehalten«[36], denn der Hans schlang zwei ganze große Brotlaibe mit wenigen Bissen hinunter. Daraufhin wurde er zum Holzschlagen in den Wald geschickt. Er machte es sich einfach, riss die Bäume mit der Wurzel aus und warf sie auf einen Haufen zusammen. Dann nahm er den schweren Kaltblütern das Zuggeschirr ab, hängte sich selber ein, befestigte die Ketten und zog die Stämme allein zum Sammelplatz. Dort schlichtete er sie händisch auf.

[36] Gesinde

Mittags richtete die Bäuerin schon für einen gewaltigen Hunger an, aber Hans war mit Fleisch und Knödeln so schnell fertig, dass die Bäuerin noch zwei Mal auftragen musste.

Der Bauer fürchtete sich mehr und mehr, rechnete auch die Kosten und wollte seinen Knecht so schnell wie möglich wieder loshaben. Am Nachmittag trug er Hans auf, eine tiefe Grube auszuheben. Der ging willig und mit Fleiß und Eifer daran. Nach kurzer Zeit, als er drei Meter tief gekommen war, wälzte der Bauer Steinblöcke heran und ließ sie auf ihn hinunterfallen, um ihn zu erschlagen. Hans aber rief, der Bauer solle mehr achtgeben und nicht so viel Sand in die Grube streuen. Da gab es der Bauer auf, sich auf so hinterhältige Weise seines Knechts zu entledigen. Ob und wie es ihm letztendlich gelungen ist, ihn loszuwerden, weiß niemand mehr zu sagen.

Warum die Riesen letztlich ausgestorben sind, mag die folgende Sage erklären:

Auf der Hongaralm im Salzkammergut stand einstens ein gutes Wirtshaus, das zwei Schwestern gehörte, die von Riesen abstammten. Sie waren überaus schön, sodass die Brautwerber von weit und breit zusprachen. Aber die zwei waren Riesenkinder, unbändig, groß und stark, sodass kein Mannsbild gegen sie aufkommen konnte. Sie mussten allzeit ihren Willen haben und vertrugen keinen Widerspruch. Das verdross die Freier mit der Zeit, die heiratslustigen Burschen verzogen sich und die beiden schönen, starken Weiber mussten männer- und kinderlos versterben. Der Umgang mit dem Menschenvolke tat eben diesen Riesenschwestern nicht gut.

Dass Riesen durchaus trinkfreudig sind und auch vor Grenzen nicht haltmachen, lässt sich aus der Geschichte vom Karwendelriesen herleiten:

DER SCHLAFENDE RIESE

Einmal war ein Bauer vom Walchensee eines Handels wegen mit seinem Änzwagen auf Mittenwald gefahren. Weil er mit seinem Geschäft zufrieden war und der Wein in den Mittenwalder Trinkstuben gar so gut schmeckte, ließ er seine zwei Öchsl auf der Rottstraße stehen, dieweil ihm der rote Tiroler in den Hals rann.

»Die Öchsl sollen sich die schönen Bildl an den Häuswänden gut anschauen, ich trink derweil einen!« Erst als der Bergschatten vom Wetterstein auf die steinbeschwerten Schindeldächer fiel, da schnalzte er mit seiner Geißel und fuhr lustig und fidel zum Ort hinaus. Und wie er nun neben dem Achenbach zurück nach Urfeld fuhr, da wurde es schon Nacht und der Bauer nickte auf seinem Wagen ein.

Aber auf einmal weckte ihn ein mächtiger Windstoß, der ihm heiß unter den Hut ins Gesicht griff! Das war ein seltsamer Wind, wie ihn der Bauer noch nie erlebt hatte. Einmal wehte er so stark, dass es die Bäume an der Straße bog und nachher setzte er wieder fast ganz aus, dass es war wie das Ächzen des Blasebalgs einer alten Kirchenorgel. Und das immer und immer wieder in einem fort, man hätte es mit der Uhr nachzählen können, wenn es nicht so finster gewesen wäre.

Der Bauer wollte so schnell wie möglich von dem scheuchtsamen Ort fortkommen und trieb die Öchsl an. Aber auf einmal gingen sie noch langsamer und konnten den Wagen kaum mehr ziehen. Der Weg lief jetzt steil hinauf wie auf den Heimgarten, dabei war es doch immer schnureben da herausgegangen bis zum Seezipfel. Der Bauer hätte darauf den stärksten Eid schwören mögen, ohne gekreuzte Finger! Die Ochsen mussten während seines Schlafs ganz von der Straße abgekommen sein!

Der Änzwagen wurde in die Höhe gehoben und ging wieder nieder, wie wenn die Hexen ihren G'spaß damit hätten, und der seltsame Wind wurde immer ärger und heißer. »Ich muß ins

Wilde Gjaid gekommen sein!«, dachte sich der Bauer und schlug schnell dreimal hintereinander das heilige Kreuz.

Aber der Himmel oben war ganz still und jetzt konnte man sogar ein paar Sterne sehen. Die Bäume waren schon tief unten. Der Bauer hatte das Leitseil fallen lassen und hielt sich am Wagen fest. Die Öchsl plagten sich immer weiter. Auf einmal ging es in eine finstere Höhle hinein, in der es noch finsterer war als unten im nachtschwarzen Wald. Der Bauer packte die Zügel und stemmte sich mit den Füßen ein. Aber er spürte, wie die Ochsen samt dem Wagen hineingerissen wurden – und er mit dabei. Er dachte nichts mehr, als dass sein letztes Stündlein geschlagen habe. Und jetzt zitterte der ganze Berg. Da vernahm der Bauer ein fürchterlich lautes Niesen und spürte, dass er mitsamt seinem Wagen rückaus durch die Luft flog. Bald landete er neben seinen Ochsen auf einer Wiese und schaute nicht gescheiter wie die. Weil aber nichts gebrochen war, kein Rad und kein Fuß, nicht bei ihm und nicht bei den Ochsen, setzte er halt das Fuhrwerk wieder in Gang und fand auch eine Straße. Als der Morgen graute, kam er wiederum von der Tiroler Seite her auf Mittenwald zugefahren, wo er am Nachmittag nach der anderen Seite hinausgefahren war. Den Weinwirt ließ er dieses Mal links liegen.

Die Ursache klärte sich mit der Zeit:

Der Tiroler Bergriese war aus dem Karwendel herabgekommen, wo er zusammen mit der Frau Hitt eifrig dem Schnaps zugesprochen hatte. Sein Brand plagte ihn, und so ging er zum Walchensee hinüber, um seinen Durst zu löschen. Und wie er, auf dem Bauch liegend, lange genug getrunken hatte, drehte er sich um und schlief ein. Sein Schnarchen hatte der Bauer wie einen stoßweisen Sturm gespürt und nachher war er auf den Leib des Riesen hinaufgefahren. Und wie er beim Einschnaufen in das Nasenloch des Riesen eingezogen wurde, hat es den gekitzelt und er hat niesen müssen. Durch den Luftstrom hat es ihn wieder durch die Luft weit ins Tirolerische hineingeblasen. Seit der Zeit hat man den Bergriesen nicht mehr gesehen.

Doch trotz ihrer ungelenkigen Motorik und unkoordinierten Körperkraft sind Riesen von einem empfindsamen Seelenleben gezeichnet, ja mitunter regelrecht gequält. Wie sehr, das erzählt die Sage von dem jungen Riesen Erla, der in den finstern Wäldern am Traunsee im Salzkammergut lebte:

ERLA, EIN JUNGER RIESE,

war unbeweibt und hatte die Macht der Liebe noch nicht an sich verspürt. Aber eines Tages im Frühjahr traf er auf der Wanderung durch sein Gebiet am Ufer des Laudachsees eine kleine Nixe, die Herrin des stillen Gewässers. Wie die Sonne leuchtete ihr Goldhaar.

»Willst du mir folgen und mein Weib werden?«, fragte sie der von ihrer Schönheit geblendete Riese Erla.

Die Nixe verzog überheblich ihren roten Mund. »Mag dir nicht folgen«, sagte sie spöttisch, »du bist mir zu ungeschlacht, dein Gewand ist zu ruppig, dein Bart zu zottelhaft. Wie rau und wüst wird dann erst dein Lager sein?«

Der Riese Erla schaute erst auf die Nixe, deren weiße Glieder im Wasser schimmerten, dann sah er sein eigenes Spiegelbild im See und senkte betrübt sein viel zu schweres Haupt. Ja, wüst und ungeschlacht sah er aus, sein Schädel glich einem ungefügen Felsblock, auf dem Gestrüpp wucherte, der Bart, verfilzt und stachlig, hing ihm über die Brust herab und ein zottiges Bärenfell bedeckte Brust und Lenden. Ein entästeter Eichenbaum lag ihm als Knüttel auf der Riesenschulter. Und wenn er erst an seine Felsenhöhle dachte, im dicksten Tann, für Sturm und Regen offen, an sein raues Lager aus Moos und Wildheu, da musste er dem schlauen Nixchen recht geben.

Aber der Riesen Art ist zähe und beharrlich. »Bin ich auch rau und ungeschlacht«, sagte der Riese Erla, »vermag ich doch mehr, als dir scheint. Die Zwerge in meinem Berge sind mir untertan. Auf mein Geheiß bauen sie dir ein Schloss im See, ein weißes Schloss aus Gold und Marmelstein und darin sollst du meine Königin sein.«

»Ein Schloss im See«, sagte das verwöhnte Nixchen drauf, »ein Schloss von Gold und Marmelstein gefiele mir wohl, doch kein Riese, nein, ein edler Ritter müsste mir Herr und Gemahl da drinnen wohnen.«

»Der Zwerge Kunst«, sagte Erla darauf, »macht mich zum Ritter, verlass dich drauf, dann hole ich dich ab.«

Und der Riese Erla begann sein riesenhaftes Werken: Auf dem Gipfel des Traunsteins stand er und schleuderte Felstrümmer in den Seewinkel gegenüber, vom Dachstein brach er Marmorblöcke, in den Wäldern schlug er die stärksten Eichen und schleppte sie zum Bauplatz hinunter. Unter seinen Händen wuchs aus dem See ein künstliches Eiland und die Zwerge bauten darauf das weiße Schloss, das Schloss im See, das die Menschen später »Schloss Ort« nannten. Sie schneiderten ihm ein Rittergewand, stutzten ihm Haar und Bart und bauten zuletzt den goldenen Steg, auf dem er tatsächlich seine Liebe in das Schloss im See hineinführte.

Einen Frühling und einen Sommer lang genoss Erla in seinem Palast mit der Nixe sein Riesenglück. Niemals hat es einen glücklicheren Riesen gegeben. Aber als die Tage kürzer wurden und das Laub fiel, begann das Goldhaar der Nixe zu bleichen, ihr Auge ward trüb, ihre Wange welk.

»Bring mich in meinen stillen See zurück«, sagte sie, »versenke mich dort ein in mein nasses Grab, denn meine Zeit, meine Tage und meine Liebe gehen dem Ende zu.«

Der Riese Erla tat nach ihrem Willen und bestattete sie an dem Platz, wo er die Nixe einen kurzen Frühling und Sommer zuvor zum ersten Male erblickt hatte. Dann hielt er es nicht länger aus am See, er stürmte ins Gebirge hinauf und schleuderte Felsen über Felsen auf das geliebte Eiland herab, die das weiße Schloss im See, das Grab seines Glücks, unter sich begruben.

Doch immer noch tobte sein Riesenleid. Der Berg musste es büßen. Schluchten riss er in ihn hinein und neue Gipfel türmte er ihm auf. Riesenhaft tobte sein Riesenschmerz. So entstand der Berg in der Form, wie wir ihn heute kennen.

Die Menschen nennen ihn Erlakogel. Seine Umrisse zeigen das Antlitz seiner geliebten Nixe.

ROSENGARTEN

Auf der Alpensüdseite inmitten der Dolomiten liegt der über 3000 Meter hohe, gewaltig aufragende Felskoloss des Rosengartens. Wie der Untersberg in den Berchtesgadener Alpen ist der Rosengarten von einer Vielzahl an Geistern und Zauberwesen bewohnt.

Hier lebte in einem zauberhaften Palast der Zwergenkönig Laurin und herrschte über sein Volk, das in der Tiefe des Gesteins nach Schätzen grub. Laurin besaß einen Zaubergürtel, der ihm die Kraft von zwölf Männern verlieh, sowie eine Tarnkappe, die ihn unsichtbar machte. Was ihm fehlte, war eine Frau an seiner Seite. So raubte Laurin auf einem Turnier in Bozen die Prinzessin Similde, die dort als Hauptpreis mit dem Sieger vermählt werden sollte.

Hartwig, der leer ausgegangene Turniersieger, holte sich nach Laurins Entführung Siegfried von Bern zu Hilfe. Durch eine List gelang es ihnen, Laurins Zaubergürtel zu sprengen und die Prinzessin zu befreien.

Diese Rittersage ist nur eine Erzählung aus dem sagenumwobenen Berg. Rosen sind auf dem Rosengarten nicht mehr zu finden, der wunderbar duftende und heilsame Garten ist verschwunden. Nur das Abendrot im Sommer erinnert an die vergangene Blütenpracht:

Es war einmal ein Alpenkönig, der auf einem Berge voll Rosen wohnte. Diese Blumenpracht stammte noch aus der lang zurückliegenden Zeit, in der es keinen Hass und keinen Totschlag auf der Welt gab. Da kamen fremde Krieger des Wegs und ihre Rosse zerstampften all die Rosen. Der König, der das nicht dulden wollte, wurde überwältigt, gefangen genommen und von den fremden Kriegern fortgeschleppt.

In einer Halle banden sie ihre Geisel an einen Pfahl, zwangen ihn zu singen und zu tanzen und verspotteten ihn. Eines frühen Morgens schliefen die betrunkenen Soldaten darüber ein. Da schob sich der Gefangene heimlich hinüber zum Feuer, das in der Mitte der Halle brannte. So gelang es ihm, das Lederseil zu versengen, mit dem er gefesselt war. Durch die Hitze riss es ein, der König konnte sich befreien und fliehen.

Auf abenteuerlichen Fahrten kehrte er zurück in seine Heimat. Als er aber den Rosengarten wieder erblickte, der über und über voll Blüten stand und in der Sonne purpurn leuchtete, sagte der zurückgekehrte Herrscher voller Schmerz: »Diese Rosen mit ihrem Schein haben mich verraten! Hätten die fremden Krieger ihre wunderbaren Farben nicht gesehen, sie wären niemals auf meinen Berg gekommen.«

Daraufhin sprach er über die Rosen einen Zauber aus, damit sie weder bei Tage noch bei Nacht je wieder sichtbar sein sollten. Er hatte jedoch die Dämmerung vergessen, die nicht mehr Tag ist und noch nicht Nacht. So kommt es, dass in der Dämmerung die Rosen wieder sichtbar werden, und dann steht der ganze Berg in rotem Glanze da: Das Alpenglühen des Rosengartens.

SALIGE

Die Saligen, auch **Salkweiber** oder **Salaweiber**, haben in grauer Vorzeit begonnen, sich in den oberen Regionen der Hochalpen anzusiedeln. Besonders im Ötztal und seinen vielen Seitentälern wohnen sie in prächtigen, mit Bergkristallen geschmückten Höhlen nahe der Eisregion. Auch in Süd- und Osttirol begegnen sich Salige und Menschen, leben, hausen und arbeiten sogar zusammen. Die Saligen sind schützende Wesen, ihr Wirken wird als hilfreich, wohltuend und heilend beschrieben. Wenn es Not tut, dann greifen Salige ein, helfen, lindern, begleiten und finden Auswege.

DIE KRANKE WITWE

Eine arme Witwe in einem schwer zugänglichen Osttiroler Tal hauste mit ihren sechs Kindern und einer einzigen Kuh in tiefer Armut in einer halb verfallenen Hütte. Krank und von Fieber geschüttelt sank sie einst beim Brotbacken bewusstlos zu Boden. Da stand wie aus dem Nichts eine Salige neben ihr, brachte die Todkranke zu Bett, buk das Brot fertig und braute einen heilkräftigen Trank, den sie der Ärmsten in ihre Kammer brachte. Sie beruhigte die Kranke und versprach ihr, für Haus, Küche, Kuh und die Kinder zu sorgen.

Etliche Wochen später konnte die Frau, dank der aufopfernden Pflege der Saligen, ihr Bett wieder verlassen, schwach noch, aber auf dem Weg zur Gesundung. Sie schlug vor Freude die Hände über dem Kopf zusammen, als sie in der blitzblanken Kuchl ihren sauber gekleideten, rotbackigen und unbetrübten Kindern gegenüberstand. Die Salige führte die Genesende hinaus in den Stall, wo die Kuh vor einem hoch gefüllten Barren zwei muntere Kälbchen ableckte. Die Schindeln am Dach waren ausgewechselt und durch die vorher durch Spinnweben und Schmutz verdunkelten Fensterscheiben schickte eine warme Frühlingssonne ihren Strahlenkranz. Bis sich die überraschte Häuslerin gefasst hatte, um der gütigen Helferin zu danken, war diese längst verschwunden, vielleicht, um anderwärts Not zu lindern.

Vieles haben die Saligen mit den Wilden Frauen gemein, sie haben Wissen über das Hüten, die Pflanzen, das Heilen und die Gemeinschaft. Wie schon im angenehmen Klang ihres Namens mitschwingt: Sie sind heitere, milde, den Menschen freundlich gesinnte Wesen. Die Sage schildert sie als wunderschöne Jungfrauen mit weißen, blendenden Gewändern, blauen Augen und flachsgelben Haaren, von wohltuender Anmut, ja »Holdseligkeit« im Ausdruck. Ihr Schutz gilt den Gämsen, die sie als Milchtiere halten, aber auch der Flachs war ihnen heilig. Jedoch: Enttäuschen durfte man die Saligen nicht!

DER JUNGE HIRT UND DIE SALIGEN

Im tiefer gelegenen Almgelände bei Längenfeld im Ötztal gelangt man durch eine Grotte in das Felsenschloss der Saligen. Vor dem Eingang saß einmal ein junger Hirte und löffelte seine dürftige, fast durchsichtige Mittagssuppe. Als er sich beim Zwölferläuten zum Gebet hinknien wollte, verschüttete er die Brennsuppe und bejammerte seinen ungestillten Hunger. Da nahte sich ihm eine

Salige, trug ihm frische, köstliche Speisen auf und lud ihn ein in das geheime Felsenschloss, erreichbar nur durch das Innere der Grotte.

So oft er wollte, war er von nun an dort willkommen. Eine ganze Schar von Frauen bewirtete ihn dort mit unbekannten, duftenden Speisen. Sie stellten aber die gewohnte Bedingung: Niemandem und nirgendwo durfte je ein Sterbenswörtlein von diesem wunderbaren Ort verlauten lassen und niemals durfte er nach Gämsen jagen.

Einmal aber, nach einer Zeit wohliger Sättigung, verplapperte er sich im Hof in der Stube, und schon das angedeutete Wort über die Saligen war eines zu viel: Von dieser Stunde an war die Grotte für ihn verschlossen.

Aus Verzweiflung und Ärger über die, wie er meinte, »treulosen« saligen Frauen, ging der verblendete Bursche auf Gämsenjagd und schoss auf ein Tier. Doch die Kugel verfehlte das Ziel. Kaum war der Schuss verhallt stand das salige Fräulein vor ihm und schaute ihn – das gehetzte Tier schützend – in tiefer Wehmut an. Im Inneren berührt durch ihren Blick lief der junge Hirt davon, achtete nicht auf den Weg und stürzte über einen Abbruch in den Abgrund.

Eine Salige konnte einen »sterblichen« Mann sogar heiraten, jedoch stellte sie immer Bedingungen für das gemeinsame Hausen und Wirtschaften, für den Umgang miteinander und verlangte Achtung und Respekt:

EINE SALIGE IN DEN TAUERN HEIRATET

Ganz zu hinterst im Tal an einem steilen Abhange des Großglockners findet man ein Bauernhaus, zum Spöttling genannt. Vor nicht gar langer Zeit war ein junger, gut aussehender Mann der Besitzer dieses Hauses. Weil er aber zum Jähzorn neigte und den Branntwein liebte, fiel es ihm schwer, eine ordentliche Braut zu bekommen. Er hatte sich schon damit abgefunden, gar nicht mehr zu heiraten. Doch eines Tages kam ein Mädchen zu ihm und fragte, ob sie nicht als »Dirn« (Dienstmagd) dableiben dürfe. Sie war schön, groß und stark, und niemand wusste, wer sie sei und woher sie kam. Der Bauer übertrug ihr nicht nur die ganze Hauswirtschaft, sondern trug ihr mit der Zeit auch seine Liebe an. Erfreut willigte sie ein, stellte ihm aber eine Bedingung: Er dürfe sie niemals schlagen. Der Gedanke lag dem Bauern fern und so gab es nicht das geringste Hindernis.

Mehrere Jahre verstrichen in friedlicher Ehe und schon war die Unbekannte Mutter von zwei Töchterlein geworden. Aber nach und nach verlor sich bei dem Bauern das Andenken an die geheimnisvolle Herkunft seines Weibs und an die rätselhafte Bedingung.

Er fiel auch wieder in sein altes Leben zurück: Als er einmal benebelt vom Wirtshaus heimging, dachte er in seinem düsteren, trüben Rausch darüber nach, was denn wohl geschehen möge, wenn er sein Weib schlüge. Als er nach Hause kam, begann er Streit mit ihr anzufangen, aber sie wich ihm aus. Da wurde er noch zorniger und versetzte ihr einen derben Schlag mit der Faust auf den Rücken. Da hüllte das Weib ihr Gesicht in die Schürze und ging aus dem Haus.

Als der Bauer des andern Tages seinen Rausch ausgeschlafen hatte und ihn die Reue packte, suchte er überall seine Frau, fand sie aber nirgends. Als der nächste Samstag kam, und man schon Feierabend machte, da gingen die beiden Töchterlein, die erst vier bis fünf Jahre alt waren, in den nahen Wald hinaus. Am Abend kamen sie wieder zurück und waren sauber gewaschen, gekämmt und ihre Haare zu Zöpfen geflochten. Als man sie fragte, wer sie gewaschen und gezopft habe, da antworteten sie: »Die liebe Mutter hat es getan, sie ist draußen im Wald.«

Der Bauer ging reumütig hinaus in den Wald, aber fand nicht eine Spur von ihr.

Das Verschwinden der Kinder geschah alle Samstage, bis sie erwachsen waren und sich selber waschen und zopfen konnten. Der Bauer aber bekam seitdem das Stottern und das ging auf alle späteren Besitzer des Hauses über. Allgemein meint man, jene Frau sei eine »Salige« gewesen.

Doch so rätselhaft wie sie auftauchten, so rätselhaft verschwanden die Saligen auch wieder:

EINE SALIGE WIRD ABBERUFEN

Einst ging ein Grauner Bauer allein über seine Almwiesen heimzu. Plötzlich hörte er dicht neben sich sagen, sah aber niemanden: »Geiger, grüß deine Dirn und sag ihr, der Horzel-Porzel ist gestorben.«

Als der Bauer dies daheim berichtete und die Magd, eine Salige, dies hörte, stand sie sogleich auf, packte schweigend ihre Sachen zusammen und verließ den Hof. Niemand hat sie seitdem wieder gesehen.

Im Vinschgau erzählt man, die Saligen hätten den Bauern nach einem dürren Sommer den Buchweizen gebracht. Mit diesem Korn konnten sie fortan in der so regenarmen Gegend überleben.

Einen jungen Bauernburschen nahmen die Saligen sogar als »Liebessklaven«, lockten ihn in ihre Felshöhle, verwöhnten und liebkosten ihn dort und vergnügten sich mit ihm. Aber diese Erzählung gehört wohl eher ins Reich jugendlicher männlicher Fantasie als der Sage.

SUDL

Die Sudl ist ein weiblicher Berggeist, der im Vinschgau, genauer gesagt oberhalb von Mals, auf der Matscher Alm[37] zu Hause ist. Die Charaktereigenschaften der Sudl gelten als ambivalent, zwischen fürsorglich-bekochend und jähzornig-unberechenbar. Die Sudl beschäftigt sich hauptsächlich mit der Zubereitung von Schmalzgebackenem, egal ob in runder Form (Krapfen), scheibenartiger Ausprägung (Ausgezogenen) oder weckenförmiger Gestalt (Nudeln).

Die Sudl selbst ist für das menschliche Auge nur in Teilen und auch nur in kurzen zeitlichen Intervallen sichtbar, allerdings verrät sie sich durch metallische Reibegeräusche (Pfanne, Schaber und Herd), das schäumende Zischen von heißem Butterschmalz und andere engagiert ausgeführte Küchengeräusche.

Für starke Mägen ist die Begegnung mit einer Sudl relativ harmlos, für schlechte Esser leider unabsehbar. Nach dem Zusammentreffen mit einer Sudl empfiehlt sich die Einnahme mehrerer bitterer Kräuterschnäpse, für Minderjährige Almdudler.

Wenn die Kühe von der Alm abziehen und man geht dann in die verlassene Almhütte und ruft: »Sudl, bring mir a Nudl!«, so wird man alsbald nix als eine Hand erblicken, mit einer gewaltigen Pfanne voll Nudeln bester Beschaffenheit, welche die gespenstige Hand auf den Tisch stellt. Isst man alle Nudeln bis auf die letzte auf, so ist's gut, wenn nicht, so gehört man der Sudl, welche einem so mancherlei antut.

---

[37] Die Matscher Alm liegt auf 2050 Metern. Vom Glieshof geht es auf der rechten Talseite auf dem Weg Nr. 2 sanft hinauf. Ca. 63 Milchkühe.

Zwei Männer von der Matscher Alm wollten's ganz genau wissen. Sie riefen die Sudl an: »*Sudl, bring mir a Nudl!*«
Kaum bestellt, stand schon eine riesengroße Nudelpfanne bis über den Rand gefüllt auf dem Tisch. Trotz tapferstem Essen war abzusehen, dass die vorlauten Besucher höchstens die Hälfte zwingen konnten. Da sahen sie folgenden Ausweg: Sie ließen, während sie die Nudeln zum Munde führten, einen Teil davon durch die Ärmel des Rocks in ihren Rucksack gleiten. Auf diese Weise leerten sie die ganze Pfanne aus. Diesem glücklichen Einfall verdankten sie wohl ihr Leben, wollen es aber nicht noch einmal probieren.[38]

---

[38] Der Südtiroler Hotelverband bittet, diese Methode nicht beim Frühstücksbuffet anzuwenden.

TEUFEL

Der Teufel wird auch **Gottseibeiuns**, der **Ganzderander** oder nach dem italienischen Puppenspiel **Sparifankerl** genannt. Er kämpft gegen Kirchenbauten, Glockenläuten oder Prozessionen, kauft oder erspielt sich die Seelen Lebender, versucht, Chaos zu stiften, oder vergnügt sich einfach mit dem Kartenspiel. Wenn es zu lustig, zu ausschweifend oder zu freizügig zugeht, zieht er heimlich die Fäden. Er ist unschwer zu erkennen, seine Merkmale sind Bocks- oder Pferdefüße, mehr oder weniger deutlich sichtbare Hörner, Hüte mit roten Federn, zottelige Pelze mit Rotfärbung. Er tritt aber auch in elegantem städtischen Gewand auf, seinen Huf in teuren Kalbslederschuhen verbergend.

Olfaktorisch geht ein brandiger Geruch von ihm aus, den er mit moschusartigen Essenzen zu überdecken versucht.

Als Inbegriff des »Bösen« kann er nur existieren, weil ihm gegenüber die Kraft eines irgendwie »Guten« steht. Aus dieser Bipolarität heraus begründet er seine Existenz. Wenn »Gutmensch« zum Schimpfwort wird, dann wird der »Bösmensch« salonfähig. Die Frage ist, ob nicht die Emotionslosigkeit oder fehlende Empathie viel mehr die Kraft eines »Bösen« enthält, als es das Teuflische je sein kann.

Der Teufel ist damit beschäftigt, die Seelen von einfachen, oft in Notlagen stehenden Menschen zu erkaufen und sich so ihrer Seele zu bemächtigen. Gegen Hitze und Glut ist er unempfindlich, kann, ohne Schaden zu nehmen, auf glühenden Kohlehaufen sitzen, in Schmiedefeuern erscheinen und wieder darin verschwinden.

Durch List und den Mutterwitz der einfachen Menschen kann er aber des Öfteren ausgetrickst, übervorteilt und so überwunden werden. Gelingt dies, verschwindet der Teufel verärgert durch Schornsteine, plötzlich entstehende Löcher in Wänden oder in Felsspalten und Erdhöhlen. In seinem Furor wirft er auch mit riesigen Felsbrocken um sich, wie es am Oberlauf der Moldau im Teufelsbruch noch heute sichtbar ist.

Im Kasperltheater wird der Teufel in der Regel mit Pritschen oder Bratpfannen körperlich schwer malträtiert, was selbst bei zu Gewaltlosigkeit erzogenen Kindern auf begeisterte Zustimmung und derbe Schadenfreude trifft. Eigentlich ist der Teufel ein ziemlicher Depp, es wäre schön, wenn das wirklich Böse so einfach zu überwinden wäre wie der einfältige Teufel.

Wie man den Teufel überlisten kann, erzählt der Mesner von Föching im Voralpenland unweit des dortigen Teufelsgrabens:

An aram recht finstern Novemberabend bin i amal da, z'Föching, zum Gebetleitn in d'Kircha umiganga. »He!«, denk i ma, »da geht ja no oana, und a Mordstrumm Schaufel tragt er. Im Finstern sieht ma ja nix Genaus. Der ganzen Statur nach is des koa Hiesiger. Hinken tuat er a bissl, sei' rechter Hax schaugt si grad wia a Roßfuaß aus und aufm Kopf hat a richtige Hörndl! Feuerrot schaut sei zottliger Pelz aus, wia von am Goaßbock, und an langa Schwoaf ziagt a hintn nachi. Stinkn und brandein tuat a glei gegan Wind! Dös ko nur er selba sei', der Ganzderander!«

Hoamli hab i a Kreuz gmacht und hab laut gsagt: »Grüaß Good!« Da hats'n aba grissn, den schiachn Teifi. »Was tuast denn du heit auf d'Nacht no arbatn, nach Feierabend?«

»I ko mit meina Arbat erscht ofanga, wenns d' mit deim vafluachtn Glocknscheppern ferti bist. I muaß heit Nacht no an groußn Grabn auswerfa. Von Tölz her übern Kirchsee und Hacknsee bis gegen Otterfing und Holzkircha is a scho fertig. Heit Nacht pack i nacha dös letzte Trumm!

Wenns d' morgn in aller Früah um fimfi wieder kimmst zum Tag-anleitn mit deim Glockngebimmel, da muaß i's gschafft ham. Da werst Augn macha, Manndei! Da kimmst überhaupts nimma zuawi zu deina Kircha! Derweil is mei Grabn schon da und de ganze Isar hab i scho umagloat zur Mangfall, dass auf Aibling umilaafa und bei Rousnhoam in Inn eini rinna muaß. Aba oans sag i da, gredt wird vorher no nix, sonst hol i di bei da Nacht!«

Mir is ganz kalt übern Buckl abiglaafa. Dö ganz Nacht hab i koa Äug zuadruckt und hab nachdenkt. »Um Gottswilln, da müaßat ja Mensch und Viech dasaufa in dem Hochwassa! Und in Minga drin miastans vadurstn ohne Wasser. Wia konn i denn dö ganze Gmoa retten vor so am groußn Unglück? Halt, jetzt moan i, fallt ma was Schlaues ei!«, denk i ma.

Glei werds drei schlagn. I schleich mi mit meim Trumm Kirchaschlüssl umi, sperr 's Glockenhaus auf und läut und läut, dass glei da Turm wacklt und alle Gockl im Dorf zum Kraahn ogfanga ham, weils gmoant ham, d'Sonn geht glei auf. Da is da Teifi aba zsammgfahrn mitten bei seina Arbat:

»Was, fimfe is scho, da hab i mi in da Zeit schwar vaschätzt! Den Lärm mit dene gweihtn Glockn und des Plärrn vo de Gockel, dös kon i überhaupts net aushaltn!«
Auf und davo is a und groast, »wia da Teifi«.
Da san mir Föchinga no guat wegkömma, daselmt! Grad a Stund oda zwoa hätt a no braucht, da Gottseibeiuns, nacha hätts uns alle abigschwoabt ins Mangfalltal, und alls waar hi gwen!

Bei dieser Geschichte fragt man sich, was will sie uns heutzutage mitteilen? Eines kann man vielleicht aus dieser alten Sage folgern:

Wenn die Großstädter[39], die heutzutage eine Zweitwohnung auf dem Land besitzen, nicht aufhören, gegen Kuhglocken und Gockelkrähen zu prozessieren, dann brauchen sie sich nicht wundern, wenn es sie eines Nachts samt ihrer Immobilie ins Schwarze Meer hinabschwoabt.

TRUDEN

Truden sind überwiegend weiblich, nur sehr vereinzelt männlichen Geschlechts. Sie sind über den gesamten Alpenraum, aber auch im Alpenvorland bis in den Bayerischen Wald verbreitet.

Truden sind Verwandlungsgeister, tagsüber sind es normale

---

[39] Zuagroaßtn aus der niederdeutschen Tiefebene. Niederdeutsch bezeichnet sprachgeschichtlich die Regionen, in denen »Platt« (Deutsch) gesprochen wurde. Hochdeutsch wurde in den höhergelegenen Landschaften gesprochen. Bairisch und Alemannisch sind somit »Hochdeutsch«.

Frauen, die unauffällig ihrem Tagwerk nachgehen. Nächtens jedoch vermögen sie aus ihren Körpern auszusteigen, zu exkorporieren, und als unterschiedliche Tiere, aber auch in weiblicher Gestalt oder auch unsichtbar ihrem Alpwerk nachzugehen. Sie sind vom Schicksal dazu bestimmt, Menschen im Schlaf zu quälen und zu drücken. Die Truden können alte, hässliche, behaarte Weiber mit Plattfüßen und auseinanderstehenden Zehen sein. Sie erscheinen aber auch als anmutige und junge, schöne Frauen.

Zwischen zwei und drei Uhr nachts, in der Stunde der Dämonen, setzen sie sich auf die Brust der Menschen, die im Schlaf auf dem Rücken liegen. Dadurch verursachen sie bei ihren Opfern Atemnot, Ängste und der Angina pectoris ähnliche Symptome. Die Truden sind aber von den Hexen zu unterscheiden, denn Truden können in den Himmel kommen, heißt es.

Widrige Konstellationen bestimmen manche Menschen dazu, Truden zu werden, selbst gegen ihren Willen. Sie müssen dann drücken, was ihnen unterkommt: Menschen, Tiere, sogar Bäume im Walde.

Den Truden ist die Birke verhasst, deshalb lassen sie gerade an diesen Bäumen ihren Zorn aus. Finden sie Birken, dann drücken sie dieselben dergestalt, dass kein Stamm rund bleibt. Gelingt es der Trud, einen Baum oder ein lebendes Wesen totzudrücken, so endet damit ihr Trudentum, sie ist fortan befreit von der Qual, andere zu quälen. Auch Mitleid und gute Taten Dritter können eine Erlösung ermöglichen.[40]

Man wehrt sich gegen die Truden durch Bannsprüche, durch das Entgegenwerfen von Kopfpolstern, durch das Anbringen des Trudenkreuzes oder -gitters an Tür und Bett oder dadurch, dass man die Schuhe mit der Spitze nach außen unter die Liegerstatt

---

[40] Vgl.: Eine Vilstaler Trud in Karl-Heinz Hummel: WIRTSHAUSSAGEN zwischen Alpen und Donau

stellt. Dieses Schuhestellen wird übrigens auch in Wales gegen »Pucks«, auf den Shetland Islands gegen »Trolle« und in Irland gegen »Fir Darrigs« eingesetzt.

TRUDEN IN GMÜND

Zu einem Bauernknecht in der Gmünder Gegend kam fast allnächtlich die Trud und drückte ihn dermaßen, dass er ganz von Atem kam. Da riet ihm ein altes Weib, die Hände während des Liegens über der Brust zu falten und zwischen sie ein Messer zu stellen, mit der Spitze nach aufwärts. Als nun die Trud bei Nacht kam und sich wieder auf des Knechts Brust legen wollte, fiel sie alsbald auf den Boden und wälzte sich in Gestalt eines formlosen Klumpens unter kläglichem Gewimmer zur Türe hinaus. Sie kehrte nimmer wieder.

TRUDEN IN GILGENBERG

Auch einen Bauern in Gilgenberg drückte die Trud Nacht für Nacht. Als Katze kroch sie über den Bettfuß hinauf und verhielt ihm den Atem, dass er weder sich rühren noch rufen konnte. Der Bauer hatte die Magd in Verdacht, und als es einst schneite, führten wirklich Katzenspuren vom Fenster der jungen Frau zum Haus und wieder zurück. Einmal wollte er diese Katze fassen, griff aber in die Luft. Da drohte er, dass es die Magd hören konnte, er werde sich an der Trud rächen. Sie ließ ihn nun einige Zeit in Ruhe, kam aber über die Pferde, dass sie ganz wütend wurden und sich losrissen.

TRUDEN IM PAZNAUN

Auch im Paznauntale lebt die Trudensage in ähnlicher Weise wie andernorts in Tirol: Die Trud überfällt die im Halbschlummer

Ruhenden so rasch, dass ihnen keine Zeit bleibt, sich auf die rechte Seite zu wenden. Wären sie dazu in der Lage, hätte die Trud keine Macht mehr über sie. Auch nützt es, ihr beim Eintritt eiligst das Kopfpolster entgegenzuwerfen, dann muss sie auf demselben in der Mitte des Zimmers die ganze Nacht sitzen bleiben und kann erst bei Morgengrauen gehen, ohne denjenigen, auf den sie es abgesehen hatte, zu beunruhigen oder zu drücken. Aber auch härtere Waffen werden eingesetzt:

Ein Bauer, der unter dem Trudendruck heftig und allnächtlich litt, klagte einem Bekannten sein Unglück. Dieser riet ihm, er möge, um befreit zu bleiben, nur ein Laubmesser auf seine Brust legen, die Schärfe wiederum gegen diese, so könne die Trud nicht ankommen. Der Bauer aber dachte: Druckt die Trud, so druckt sie mir das Messer in die Brust, er legte also das Messer mit der Schärfe und dem Haken nach oben. In der Nacht fiel es auf ihn wie ein Nusssack, fiel aber auch alsbald mit einem starken Schnaufen von ihm ab und neben ihm ins Bett. Dem Bauer grauste, er stieg auf und schlug Licht. Da lag sein guter Ratgeber tot im Bette, das Laubmesser tief in die eigene Brust gedrückt. Es war eine männliche Trud, sie hatte den Bauern durch das Messer töten wollen, um sich selber zu befreien, denn durch den bloßen Druck können Truden selten töten. Nun war er hin.

DIE TRUD WIRD ERLÖST

Die Kellnerin beim Wirt zu Rauris (Tauern) hat oft über ihr Schicksal geweint, dass sie drucken gehen muss, denn sie war eine Trud. Sie hat auch das Kennzeichen einer solchen gehabt, ihr Fuß hatte unten keine Höhlung. Wenn sie in eine Kammer oder einen Stall als Trud drucken ging, so lehnte sie ihren Körper unterdessen außen an die Hauswand. An diesen durfte aber beileibe niemand anstoßen oder ihn umwerfen, denn dann hätte sie nimmer in ihren Körper hineingefunden und für immer eine Trud bleiben müssen. Da sie eine »sakrische Besdirn«[41] war, so tat sie jedem leid, und ein Bauer fragte sie einmal, ob ihr denn nicht zu helfen wäre. »Ja, wenn i a Roß dadrucken kunnt«, erwiderte sie, »dann wär' mir g'holfen.«

»Das magst wohl toan«, meinte der Bauer, der nicht daran glaubte. Richtig fand er am nächsten Morgen sein Roß tot im Stalle, und das Mädchen kam, ihm zu danken, denn nun sei sie erlöst.

DIE TRUD IN ALTRANDSBERG

Der Stallbub eines Altrandsberger Bauern wurde lange Zeit von einer Trud heimgesucht, die immer durch ein Astloch in der Kammertüre zu ihm kam. Einer der Knechte gab ihm den Rat, einen Pfropfen bereitzuhalten und denselben so schnell wie möglich in das Astloch zu schlagen, sobald die Trud wieder einmal in der Kammer sei. Der Bub tat es. Da stand ein wunderhübsches Mädchen vor ihm. Es bat ihn um Verzeihung, dass es ihn so oft gequält hatte, konnte aber weder seinen Namen noch den Ort nennen, aus dem es stamme. Da es recht anstellig, fleißig und ordentlich war, beredete man es, im Hause zu bleiben. Es wurde später die Frau des Stallbuben, der es im Laufe der Jahre bis zum Vorgeher in dem Hofe gebracht hatte und von den Bauersleuten, seiner Dienstherrschaft, fast wie ihr Sohn behandelt wurde.

Nach Jahren ging eines Tages wieder die Rede darüber, wie die Frau des ehemaligen Stallbuben wohl hierhergekommen sein mag. Sie selber meinte, sie sei von irgendwo hereingeschneit. Darauf ging ihr Mann zur Türe und zog den Pfropfen aus dem Astloch. Es tat einen Wischer: Sssssst …! und die Frau war fort und ward nimmermehr gesehen. Sie soll von Engeland gewesen sein.

---

[41] tüchtiges Mädchen

UNHOLDE UND UNGEHEUER

Wenn die Zeit der Dunkelheit und des Winters naht und gehörnte Unholde als Krampusse umherziehen, dann erscheinen seltsame Wesen als gefährlich und unheimlich. Schon ab St. Martin ziehen sie in den nun immer dunkler werdenden Nächten umher:

Der **St. Martinsvogel**, beileibe keine gebratene Gans, sondern Albe genannt, fliegt nach der Erzählung eines alten Ötztaler Bauern als »höllischer, fuiriger Drach« durch die Nacht. Er haust hoch oben im Gebirge, in schauerlichen Schluchten und Spalten, wo kein Mensch hinaufgelangen kann. Jedes Jahr um Martini wechselt er seinen Horst und fliegt übers Tal in ein anderes Loch. Dabei macht er einen großen Bogen um die Felder und streift den Wiesengrund mit seinem feurigen Schweif. Auf dieser Stelle wird das Gras so arg verbrannt, dass es mehrere Jahre nicht nachwächst. Nach sieben Jahren aber gedeiht es fetter und üppiger als früher.

Im südtirolischen Sarntal dagegen erzählt man sich, die feurigen Strahlen, die man um diese Zeit so häufig von einem Berg zum anderen fliegen sehe, seien verstorbene »Pfaffenköchinnen«, die nun als Hexen auf feurigen Pferden durch die Luft reiten müssen. Dabei soll es den höllischen Reiterinnen manchmal passieren, dass ihr Roß ein Hufeisen, ein sogenanntes

»Pfaffeneisen«, verliert. Man will auch solche gefunden haben; sie sollen anders als die irdischen aussehen und auffallend leicht Funken geben.

Die Reiterin findet indes sogleich Hilfe bei ihrem schwarzen Liebhaber, dem Teufel. Dieser erscheint dem Schmied des nächsten Orts und befiehlt ihm: »Schmied, steh' auf, schlag mein' Roß ein Eisen auf!«

Gelingt es dem Schmied nicht, diese Arbeit mit dem Gegenspruch »I steh nöt auf, i tret nöt für, i schlag' dein' Roß kein Eisen für!« zu verweigern, dann muss er die Glut anheizen und schmieden. Die Funken des Hufeisens für die »Pfaffenköchin« stieben dann weit herum und sind über den ganzen Nachthimmel zu sehen.

Ein weiterer Unhold ist der **wilde Ochsner**. Unter diesem versteht man einen großen schwarzen Mann, der nach Abzug des Almviehs mit seiner schwarzen Herde in Sennhütten einzieht und dort eine gespenstische, nächtliche Almwirtschaft betreibt. In der Nacht vor Martini zieht er dann mit entsetzlichem Getöse von der Alm herab und durch das Tal hinaus. Wehe dem, der ihm zu begegnen wagt! Der büßt Gesundheit, ja selbst das Leben ein. Ein neugieriger Bauer soll, als er spät abends noch das Geklingel hörte, zum Fenster hinausgesehen haben, da wurde er zur Strafe festgebannt, sodass er erst am andern Morgen nach dem Ave-Maria-Läuten den Kopf wieder zurückziehen konnte.

Einmal versuchte ein kecker Bursche, sich dem wilden Ochsner in den Weg zu stellen, war aber so klug, einen Hahn, eine Katze und einen Hund mit sich zu nehmen. Das war sein Glück. Denn alsbald fuhr die wütende Meute an dem Waghals vorbei und eine fürchterliche Stimme schrie ihm zu: »Hättest du nicht das ›Krahnete, Krallete und Beißete‹ bei dir, würde es dir übel gehen!«

Wenn man aber nachfragt, wer denn der wilde Ochsner eigentlich sei, so weiß kaum jemand eine Erklärung. Einige meinen, er sei die arme Seele eines ehemaligen Senners, der sein unredliches Wirtschaften in dieser Gestalt büßen müsse.

Auch ins Kaisergebirge sollen allerlei Unholde und Ungeheuer wie Zwerge, böse Geister, als Lichtlein herumhuschende Verdammte aus dem Inntal, sündige Mönche und Nonnen sowie die letzten Hexen hinein verbannt worden sein. Auch Drachen und giftiges Gewürm halte sich dort auf, und das Alpenglühen gilt als Zeichen dafür, welche Qualen die verstorbenen Sünder im Jenseits auszuhalten haben.

Übrigens soll sogar der Beauftragte der bayerischen Säkularisation, Christoph von Aretin, der Aufheber der Klöster, zur Strafe in den Wilden Kaiser verbannt worden sein. Die Fahrt dahin habe er in festlicher Uniform und ordensgeschmückt in einer Geisterpostkutsche abgelegt.

Man lasse sich also durch die Lieblichkeit des Kaisertals nicht täuschen.

VENEDIGERMANDL

Venedigermandl sind kleine Bergleute, auch Kobolde oder Zwerge, die in Höhlen, Rissen und Spalten der Alpen nach Erz, Silber, Gold und Edelsteinen schürfen. Am Geschmack des Wassers der Bergbäche erkennen sie, ob in den Felsen, aus denen sie entspringen, Schätze verborgen liegen. Venedigermandl führen »Venedigerspiegel« oder »Erdspiegel« in ihren Kraxen mit sich, mit denen sie ins Innere der Erde blicken und dieses erkunden können. Ob ihr Name von den alten Venetern herrührt, die einen Teil der Alpen besiedelten, oder ob sie im Auftrag der reichen Stadt Venedig den Bergbau betreiben, ist nicht erklärbar. Venedigermandl tauchen in den südlichen Ostalpen und am Alpenhauptkamm auf, aber auch im bayerischen Inntal am Kranzhorn begegneten die Bauern diesen Berggeistern.

Sie führen Schätze mit sich oder behüten solche, weil sie wissen, wo sie versteckt liegen. Auch mit fremdem Eigentum gehen die Venedigermandl stets treuhänderisch korrekt um. Manchmal teilen sie ihren Besitz, doch ist dieses immer mit einer Schweigeverpflichtung verbunden. Bricht man diese, verschwindet auch der Besitz: Wie gewonnen, so zerronnen.[42]

Auch magische Kräfte besitzen Venedigermandl. Sie können sich gegen Räuber verteidigen, indem sie diese »gfroren machen«, also bei vollem Bewusstsein bewegungsunfähig erstarren lassen.

Aus den Tauern ist sogar das Lied eines Venedigermandls überliefert, mit dem dieses bergauf zu seinem Tagwerk schritt.

Du reicher Berg, du armes Tal,
zu wenig Futter überall.
Aber zwischen Wun und Ochsenbug
Gibt's Gold und Silber viel genug.

Aus den Begegnungen mit den Venedigermandln und ihrer Kundigkeit über Bodenschätze sind zahlreiche Bergwerke entstanden, die über Jahrhunderte Wohlstand in die Täler brachten. In Schwaz arbeiteten um 1500 einmal 30.000 Knappen in den Silberbergwerken, im Rauriser Tal in der Goldberggruppe waren es etwa 3000 Bergleute, die aus allen Ländern wegen der Hoffnung auf Wohlstand hierher geströmt waren. Wie viele Venedigermandl unter ihnen waren, ist nicht überliefert.

DAS VENEDIGERMANDL IN RATTENDORF

Nahe an der Grenze zwischen Italien und Österreich liegt die Rattendorfer Alm. Die Sage erzählt, dass dort Gold zu finden sei. Vor vielen Jahren kam jeden Sommer ein alter, gebückter Italiener aus

---

[42] Diese enorme Diskretion beim Aufbewahren von Geld- und Wertgegenständen soll sich in einem Land mitten in den Alpen bis heute erhalten haben!

Udine nach Rattendorf und ließ sich dort für längere Zeit in einem Wirtshause nieder. Bei schöner Witterung stieg er morgens die Felsen hinauf und kehrte abends müde, aber mit einem schweren, gefüllten Sack in das Dorf zurück. Der Wirt witterte ein Geheimnis, durchsuchte heimlich das Gepäck des Fremden und fand den Sack mit feinstem Goldsand gefüllt. So beschloss er, dem fremden Gast am nächsten Morgen hinterherzuschleichen, um den Fundort des Golds auszuspähen: gedacht – getan!

Kaum war der geheimnisvolle Alte wieder nach Udine zurückgekehrt, stieg der Wirt selbst bergauf und begann, aus der Goldhöhle Reichtümer zu schürfen. Als er so eine ansehnliche Menge Goldsand angesammelt hatte, brach er ebenfalls nach Udine auf, um das Edelmetall in Geld einzutauschen.

Doch da hörte er in einer der Gassen plötzlich seinen Namen gerufen und gewahrte zu seinem Schrecken hinter sich jenen buckligen Alten. Freundlich begrüßte ihn der Italiener und nahm ihn gastlich bei sich auf. In dessen kargem Zimmer stand eine Zauberlaterne, mit welcher er dem erstaunten Rattendorfer nicht nur schöne Bilder vorführte, sondern auch sein Wirtshaus in Rattendorf und die Goldhöhle erscheinen ließ. Er sprach: »Du siehst, nichts bleibt vor mir verborgen, das sich in der Ferne abspielt. Für diesmal will ich dich nicht strafen. Behalte das Gold. Aber wehe dir, wenn du noch einmal in die Höhle zurückkehrst oder sie einem andern verrätst! Ich brauche nur in diese Laterne hineinzusehen und weiß, was in deinem Hause geschieht, und höre, was gesprochen wird!«

Der Wirt wurde starr vor Schreck. Das Venedigermandl, denn ein solches war der bucklige Alte, ergänzte: »Kamerad, ein Schuss aus meiner Flinte hier in Udine genügt, und du liegst tot als Leiche bei dir daheim auf dem Fußboden in Rattendorf!«

Hoch und heilig schwor der eingeschüchterte Älpler, nie mehr nach dem Gold zu suchen und niemals das Geheimnis auszuplaudern.

Für den Goldsand erhielt er ohnehin so viel Geld, dass er fortan ohne Sorgen leben konnte. Er hielt sein Versprechen bis zum Tode, und das Geheimnis sank mit ihm ins Grab. Damals war ein Geheimnis noch ein Geheimnis.

Ob aber das Venedigermandl seine Goldschätze immer korrekt beim italienischen Fiskus angegeben hat, davon weiß die Sage nichts zu berichten.

VERSTEINERTE KÖNIGE, DESPOTEN ...

Nicht alle Fels- und Bergformationen der Alpen sind durch die Schubkräfte der aufeinander zutriftenden Kontinentalplatten und die dadurch entstandene Auffaltung des Urmeers entstanden. Wir begegnen auch vielen Felsformationen, die durch die Verwandlung von grausamen Königen, willkürlichen Herrschern, aber auch einfachen Menschen gebildet wurden. Vielleicht war es der Schrei nach Gerechtigkeit, der so stark geworden war, dass er diese Versteinerungen bewirken konnte.

KÖNIG ORTLER

In uralter Zeit lebte und herrschte in den wilden Schluchten und Tälern der rätischen Alpen im Vinschgau ein Riesengeschlecht, das in unzugänglichen Felsenhöhlen hauste und sich vom Fleische des wilden Auerochsen und vom Mark der Bärenknochen nährte.

Unter diesen Riesen wuchs ein gar stattlicher Knabe namens Ortler auf. Die höchsten Waldbäume überragte er bald an Länge, und wo immer diese ihn beim Gehen hinderten, riss er sie wie

Grashalme aus oder trat sie wie ein Schilfrohr unter seinen Füßen platt.

Als dieser Riese Ortler immer höher und höher wuchs, sodass er sogar die Häupter der umliegenden Berge überragte, schwoll in ihm ein solcher Hochmut an, dass er die Welt unter sich nur noch mit verächtlichen Blicken musterte. Da stieg der Stilfser Zwerg aus dem Tal herauf, kletterte frech über Beine, Leib und Schultern auf das Haupt des Riesen, schlug dort übermütig einen Purzelbaum und sang munter drauflos:

> *Ach, Riese Ortler, wie bist du noch klein,*
> *kleiner als das putzige Nörggelein.*
> *Du bist gewachsen viel tausend Jahr,*
> *streckst deine Nase in den Himmel gar.*
> *Was nützt dir das, was nützt dir das?*
> *Der Stilfser Zwerg, der Nudelhopf,*
> *ist größer doch, ist größer doch*
> *heroben da auf deinem Kopf!*

Der Riese Ortler schnaubte vor Wut, er wollte den spottenden Zwerg ergreifen und in die Tiefe schleudern. Doch da fühlte er zu seinem Schrecken, dass er immer steifer und unbeweglicher wurde. Arme und Beine versagten ihren Dienst, und während er so über seine traurige, schicksalhafte Lage nachsann, erstarrte er gänzlich zu ewigem Eis und Schnee. Und so kann man ihn noch heute als König Ortler besichtigen.

Auch der gewaltige Kalkkoloss des König Watzmann samt Frau und Kindern entstand als Strafgericht für unmenschliches Verhalten, für gewaltsame Unterdrückung und Knechtung der Talbewohner. Hier irrt auch Wolfgang Ambros, der in seinem gleichnamigen Musical sagt:»Wenn dei Zeit kommen ist, dann holt er dich, der Watzmann!«

In Wirklichkeit verhielt es sich anders: Der Watzmann war es, der mithilfe der verborgenen Mandln geholt und auf immer und ewig in eine gewaltige Masse grauen Kalkgesteins transformiert wurde:

KÖNIG WATZMANN

Vor uralten Zeiten herrschte ein mächtiger König namens Watzmann, der seine Untertanen grausam unterdrückte und auf alle erdenkliche Weise quälte. Seine Burg hatte er in der Nähe des Königssees.

Eines Tages ließ er in teuflischer Lust die armen Bauern vor den Pflug spannen und durch die Jagdhunde antreiben. Da schob einer der gequälten Bauern mit seinem Fuß eine Erdscholle weg. Zu seiner Verwunderung kroch unter derselben ein kaum zwei Zoll hohes Männlein hervor und sprang dem Geknechteten auf die Hand. Dieser wollte erst vor Schreck laut aufschreien, aber das Männlein legte zum Zeichen des Schweigens den Finger über die Lippen, winkte ihm mit dem Händchen und schlüpfte in seine Rocktasche. Dort verbarg er sich den ganzen langen Arbeitstag lang.

Zu Hause angekommen zog Hoisen, so hieß der Bauer, das Mandl aus der Tasche und stellte es behutsam vor sich auf den Tisch. Dieses fing jetzt mit wispernder Stimme zu sprechen an: »Hois, ich bin Heinzel, der König der Erdmandl. Ich bin es müd, dem Leid und der Plackerei, die König Watzmann auf euch ausübt, länger zuzusehen. Ich will euch von diesem Tyrannen befreien, ruf all die anderen zusammen!«

Hoisen schlich auf leisen Sohlen von Hütte zu Hütte, um alle seine Gefährten zu versammeln. Als alle beieinanderstanden, sprang der Erdkönig Heinzel auf einen Hackstock und sprach: »Morgen früh füllt ihr eure Taschen mit Kieselsteinen. In dem Augenblick, wo

der Tyrann seine Hunde auf euch hetzt, holt sie heraus und werft sie auf ihn!«

Nach diesen Worten wurde das Mandl immer kleiner und kleiner, bis es nicht mehr zu sehen war.

Am anderen Morgen stand der schreckliche König Watzmann hämisch lachend da, bestens aufgelegt und bereit, die Armen bis aufs Blut zu schinden. Doch kaum war der Befehl »Hussa« seinem Munde entflohen, so sausten schon die ersten Steindl aus den Händen der Bauern auf ihn nieder. Doch mitten im Fluge wuchsen die Kieselsteine zu immer größer werdenden Felsstücken heran und auf jedem sahen die Bauern ein Erdmandl reiten. Die Hunde flüchteten heulend zu ihrem Herrn, suchten sich zu verbergen, aber es half nichts: Auch sie wurden mit ihm von den Steinen, Brocken und Felsen bedeckt. Doch wie von Geisterhand geleitet hüpfte viel weiteres Gestein auf dem Boden daher, wuchs und türmte sich über Watzmann zu einem riesigen, kegelförmigen Gebirgsstock auf. Am Ende stand er da – grau, steinern und abweisend: der versteinerte König Watzmann.

Hois und seine Gefährten aber zogen aus der Gegend fort und siedelten sich im heutigen Tirol an.

Von den Erdmandln hat man nie mehr etwas gehört und gesehen. Wenn aber aus einem Felsspalt der Wind pfeift, dann sagen die Leute, das sei das Heulen von des Watzmanns Hunden. Wenn *ein Stein aus der Wand bricht und ins Tal fällt, dann sagen sie, darauf reiten die Erdmandln.*[43]

Eine weitere versteinerte Despotin ist die **Frau Hitt** in der Nordkette über Innsbruck im Karwendel.

Doch nicht nur Gewaltherrscher, auch Menschen, Behausungen und Lebensmittel konnten versteinert werden: Die Agnes aus Reichenhall ließ sich von einem Jägersmann verführen und wurde von ihm schwanger. Aus Angst vor der Schande wurde sie zur Kindsmörderin. Zur Strafe verwandelte Gott sie in die **Steinerne Agnes**, so heißt die Felsenlandschaft im Lattengebirge. Die Felsformation trägt auch den Namen **Schlafende Hex**. Vom Königssee, aber auch von der Autobahn bei Piding ist ihr Gesicht mit Hakennase und Kinn sowie ihre wohlgeformte Brust gut zu erkennen. Der Jägersmann wurde nicht belangt.

Brot und Linsen wurden zur Strafe für Verschwendung in Stein verwandelt, ebenso Almen, auf denen Milch und Butter zu Kegeln und Kugeln verwandelt wurden.

Ein Bursch mit Namen Simon, ein Wilderer aus dem Lesachtal, ignorierte spottend die Warnungen eines schwarzen Jägers, mit dem Gamsschießen aufzuhören: »Hüte dich, Simon, noch eine Gämse zu töten! Wenn du dein Gebot nicht hältst, wirst du in zehn Jahren zu Stein!«
  Es kam, wie es kommen musste:
  Am Silvestertag des zehnten Jahres trieb er sich in der Nähe des Zochenpasses herum. Weil es sehr kalt war und die Nacht anbrach, ging er in eine alte Hütte und machte dort Feuer. Auf

---

[43] Toni Eichelmann: Berchtesgadener Sagen.

einmal krachte es in allen Ecken, und eine leuchtende Gestalt mit zornfunkelnden Augen trat ein. Der Fremde packte den Wilderer am Hals und flog mit ihm unter fürchterlichem Gepolter hoch in die Luft, dem ›Wilden Sender‹ zu. Dort ließ er ihn auf einen Felsen fallen, worauf Simon sofort zu Stein erstarrte. Nun waren die Worte des Jägers in Erfüllung gegangen. Man kann den Wilderer als Steingebilde sehen, um das die Gämsen lustig springen. Jedes Jahr am Allerseelentag hört man dort Schüsse knallen, und alte Leute sagen, sie stammen vom Gewehr des Wilderers, den Gott für seine Freveltaten gestraft hatte.

Mögen die Versteinerungen als Mahnung für alle Gewaltherrscher und Despoten auf der Welt gelten: Vorsicht Tyrannen! In vielen Gebirgen der Welt ist noch genug Platz für neue Felsformationen.

Im hochgelegenen Ort Vent im Innerötztal findet man einen von Steinbildhauern in Felsbrocken geschlagenen, in die Landschaft inszenierten Skulpturenpark, der das Thema Versteinerung künstlerisch aufgreift.

WEGSCHEIDWEIBLEIN, WEITWIESENWEIBERL

Seit undenklichen Zeiten erzählt man sich in der Gegend von Reichenhall bis Berchtesgaden Geschichten vom Wegscheidweiblein, auch Weitwiesenweiberl genannt. Man behauptet nicht ganz grundlos, dass dasselbe mit einer Gisela identisch sei, welche sich einst vom Karlstein herabgestürzt habe. Manche haben vom Karlstein herab in stillen Nächten ein grauenvolles Schreien vernommen.

Am ärgsten aber war es im Jahre 1831, seit Menschengedenken hatte es das Wegscheidweiblein nicht so arg getrieben wie in diesem Jahr. Vierzehn Tage und Nächte hindurch ließ es von den höchsten Wänden herab ein Winseln und Heulen vernehmen, das nicht eine Minute aufhörte. Da machte sich sodann der Brunnenwärter vom Nesselgraben auf und stieg auf den Berg, um zu erforschen, woher die Klagelaute kämen. Als er aber die höchste Matte erreicht hatte, entdeckte er, dass die Klagelaute aus einer steilen Wand hervordrangen, wohin zu gelangen nach seiner Meinung selbst einer Gämse unmöglich gewesen wäre. Er gab daher sein weiteres Forschen auf, da er sein Leben nicht größerer Gefahr aussetzen wollte, und machte sich wieder auf den Heimweg.

Unterwegs begegnete ihm aber der Kreuzer von Helmbach, einer der kühnsten und geschicktesten Bergsteiger, der gerade seine Schafe suchte. Ihm teilte er seine Wahrnehmungen mit, und der felsgewandte Hirt beschloss, ohne sich lange zu bedenken, dem Abenteuer nachzugehen. Er legte Hut und Joppe ab und kletterte durch die Felsritzen und Spalten an der besagten Wand dem Orte zu, woher das Winseln kam. Wirklich gelang ihm das Menschenunmögliche: Er erreichte sein Ziel und erblickte zu seinem Erstaunen in einer Felsspalte ein kleines, zusammengeschrumpftes, uraltes Weiblein sitzen, das mit dem Winseln fortfuhr. Auf seine Frage, wie es hierhergekommen sei, gab es keine Antwort. Unvermittelt ging es auf den Kreuzer zu und wäre ihm aufs Haar mit langen Fingernägeln ins Gesicht gefahren. Da machte er kurzen Prozess mit ihr, zog sie aus ihrem Felsenversteck und zwang sie, mit ihm hinunterzuklettern. So gelangten sie bis zu jener Stelle, wo er Hut und Joppe abgelegt hatte. Aber als er sich danach bückte, um sein Gewand wieder anzuziehen, war das Weiblein spurlos verschwunden, und all sein Suchen blieb erfolglos.

Nun kam ihm die Sache nicht mehr recht geheuer vor, es erfasste ihn jähes Grauen, sodass er nur mit Mühe nach Hause kam, wo er acht Tage lang infolge des Schreckens krank im Bette liegen musste.

Am selben Tage zur selben Stunde aber wurde das Weiblein bei einem Fischer am Königssee gesehen, wo es sich auf die Bank vor dem Hause hingesetzt hatte. Die Fischersfrau gab ihm einen Krapfen, den es, ohne zu danken, annahm, wie es denn überhaupt keine der gestellten Fragen beantwortete.

Gleich darauf stellt es sich unten am »Kaitlbauern« auf der Sommerbank ein, erhielt auch hier Speise, gab aber kein Wort von sich, sondern flüsterte nur unverständliches Zeug vor sich hin.

Talbewohner, die es gesehen hatten, schildern es als ein kleines, steinaltes Mütterchen, das wohl viele hundert Falten im Gesicht hat. Seine Kleidung ist altfränkisch, aber tadellos rein und nett. Auf dem Kopfe trägt es ein schwarzes, mit Pelz verbrämtes

Häubchen, das fast die Augen bedeckt. Ein rotes Korsett nach uraltem Schnitt mit langen Schößen am Rücken bedeckt den Oberkörper, ein schwarzes Röcklein mit blauem Schürzchen vervollständigt seinen Anzug.

WETTERHEXEN

Wenn sich an einem schwülheißen Sommerabend wie aus dem Nichts eine riesige Wolke aufbaut, strahlendweiß in der Höhe, schwefelgiftgrün bis unheilschwarz in der Tiefe, wenn die Luft voller Spannung knistert und jedem die Haare zu Berge stehen, der diesem Gebräu zu nahe kommt, wenn dann der erste Blitz einschlägt und sein Donner wütend von den Felswänden widerhallt, wenn die Wetterglocken beherzt zu läuten beginnen und die schwarzen Wetterkerzen in den Stuben entzündet werden, dann haben die Menschen früher in den Wolkenungetümen die Wetterhex erkannt, die hohnlachend dieses Inferno ins Land hinausschob.

Sie rührte mit ihrem Besen das Wasser im See auf, jagte mit unheimlicher Geschwindigkeit in ihrer Wolke hinauf und hinunter. Sie schickte Sturzfluten auf die Erde und ließ harmlose Bäche in Minutenschnelle zu reißenden Flüssen anschwellen. Hagelkörner, ja sogar Eisklumpen warf sie aus den Wolkenhaufen hinunter, bis sie auf die Erde aufschlugen und Kornfelder und Obstbäume vernichteten.

Chaos, Zerstörung und Vernichtung ist das Werk der Wetterhex, und besonders häufig ist sie an ausgesetzten Stellen zu finden wie im bayerischen Inntal, wo im Fjord des grünen Bergflusses die Kaltluft aus den Schweizer Bergen heranströmt und auf die sommerliche Warmluft des Voralpenlands prallt:

WETTERHEXEN AM BRÜNNSTEIN

Bevor die Unheilwolke nach Oberaudorf hinüberzog, zeigte sich auf der Brünnsteinschanze, deutlich zu sehen, die riesenhafte Wetterhexe. Bei schönem Wetter hielt sie sich in den Felsen versteckt. Kam aber Gewitter auf, so fegte sie mit einem Reisigbesen am Berg hin und her. Dadurch löste sie Gestein und Geröll und brachte es ins Rutschen und Rollen, bis es mit Donnergetöse in die Tiefe fuhr und prasselte. Im grellen Licht der aufzuckenden Blitze war zu erkennen, dass das Riesenweib ganz schwarz war. Aber je nach der Stärke des Unwetters, das sie anzeigte, erschien die Hexe mal größer, mal kleiner. Die Bewohner der Zimmerau und von Grub schauten dann angstvoll zur Brünnsteinschanze hinauf, verriegelten rechtzeitig vor Ausbruch des Donnerwetters die Fensterläden und zündeten in der Stube die Wetterkerze an. Um das Lichtlein herum hockten sich betend die Hausbewohner, die heilige Jungfrau Maria oder den heiligen Laurentius um Schutz anflehend, die beide ja die Dorf- und Flurpatrone waren und noch sind.

WETTERHEXEN ÜBER DEM LOISACHTAL

In Benediktbeuern hat einmal der stärkste Schauer geschlagen. Da hat ein Jäger in die Wolken geschossen und die Wetterhex getroffen, die aus der Wolke zur Erde fiel. In Tanning hatten sie auch einmal einen recht wetterkundigen geistlichen Herrn. Der hat eine Hexe zum Sturz aus den Wetterwolken und zu einem Aufkommen mitten in einem Misthaufen gebracht. Ein andermal betete ein Klosterherr den Wettersegen, da musste die Unholdin, die schrecklichen Schaden angestiftet hatte, splitternackend auf die Erde herunter.

Auch mit schweren Geschützen suchte man die Wetterhex zu vernichten: Die Tiroler versuchten bereits im 17. Jahrhundert mit Kanonen in die Gewitterwolken zu schießen, um den vernichtenden Hagelschlag abzuwehren.

Der bayerische Kurfürst Max Emanuel hörte davon und ordnete ebenfalls an, mit der Artillerie die Gewitter abzuwehren. Darauf wurden auf der Biber, einem Nagelfluhhügel bei Brannenburg, schwere Mörser in Stellung gebracht, die man mit Pulver und gehacktem Blei füllte. Unter gewaltigem Donner jagten die Artilleristen diese explosive Mischung in die unheilverkündenden Wolken hinauf. Angeblich war die Aktion sogar erfolgreich: Wolken rissen auseinander und der gefürchtete Hagel fiel als Regen zur Erde. Der Schussmeister aber wusste die staunenswerte Wirkung seines Tuns genau zu erklären: »Wie du auf der Entenjagd den Enterich treffen musst, so muss ich beim Wetterschießen den Wetterich treffen. Das ist eine der vielen Wetterhexen, die ganz allein daran schuld sind, wenn sich gefährliche Wolken auftürmen, die uns so viel Schaden durch Hagelschlag zufügen. Ist die Wetterhexe vom Mörserschuss getroffen, dann kann uns das Wetter auch nichts mehr antun.«

Als weiteres Mittel gegen die von den Hexen gemachten Wetter galten vor allem die Kirchenglocken, doch diese waren in ihrer Wirksamkeit nicht als gleichstark angesehen. Deswegen ging die Befürchtung um, die starken Glocken würden das Wetter in die Gemeinden mit den weniger starken Glocken hinübertreiben. Die Bairawieser Glocke im Isartal galt als sehr stark, ebenso die Glocke von St. Mang im Allgäu:

Als einmal am Säuling in einem Heustadel ein Jäger, der vom Abend überrascht wurde, über Nacht blieb, kam ein fürchterliches Gewitter herangezogen, dass er glaubte, der Jüngste Tag sei angebrochen. Auf einmal hörte er hoch über dem Stadel eine gellende Weiberstimme rufen: »Holla! Warum lässt du denn nicht fallen?«, worauf eine andere Stimme von der Säulingspitze antwortete: »Ich kann nicht, der Breitenwanger Stier brüllt!« In Breitenwang hatte man zu dem Zeitpunkt die Wetterglocke, die diesen Namen trug, geläutet.

Pragmatischer beurteilten manche Handwerker das unheimliche Wettergeschehen. Sie können mit den Kapriolen der Wetterhex gut leben. Am Hause eines Glasers im Salzkammergut findet sich folgende Inschrift:

Der Herr beschütze Korn und Wein,
Der Hagel schlag' bloß die Fenster ein.

WOLPERTINGER

Wolpertinger sind keine Berggeister! Wolpertinger sind aus Präparatorenhänden entstandene Fabeltiere, die ohne festes Schema als Montage organischer Trophäen wie Entenfüßen und -schnäbeln, Fellresten von Hasen und Eichkatzeln, Vogelköpfen, Flügeln und Rehkrickerln zusammengebaut werden. Dieses schamanistische Recyclingprodukt aus Tierteilen gilt in Bayern als Jagdtrophäe des kleinen Mannes. Der Sage nach werden Wolpertinger in Neumondnächten mit Kerzenlicht in Kartoffelsäcke gelockt und so gefangen.

Behauptet wird, dass Wolpertinger von tieranatomisch begabten Alpenbewohnern erfunden worden sind, um diese an leichtgläubige preußische Sommerfrischler zu verkaufen. Dagegen spricht aber, dass sie sich rein autochthon unter Bezeichnungen wie **Oibadrischl**, **Rammeschucksn** oder **Raurackl** über Niederbayern bis in die Oberpfalz verbreiten konnten und heute ihre staubige Existenz auf Wirtshausfensterbänken, in Partykellern, Brauchtumsvereinsheimen, Stüberln, Boazn oder Hütterln fristen.

Der Schriftsteller Ludwig Ganghofer bezeichnete diese Mischwesen als **Hirschbockbirkfuchsauergams**, die Gebrüder Grimm kennen ihn als **Kreissl**.

Versuche, aus dem Genmaterial eine Wolpertinger-DNA zu isolieren, sind aufgrund der zugrundeliegenden, genetisch-hochkomplexen, amphibisch-flugfähigen Crossover-Grundstruktur bislang gescheitert.

Wolpertinger ernähren sich nach Ansicht des Münchner Jagd- und Fischereimuseums ausschließlich vom Inhalt preußischer Weichschädel. Diese Annahme ist kaum haltbar: Wie hätte sich die stetig zunehmende Wolpertingerpopulation bei diesem geringen Nahrungsangebot so stark verbreiten können?

Wahrscheinlicher ist, dass sich Wolpertinger auf Flüssignahrung umgestellt haben und sich als noagalzutzelnde[44] Schmarotzer heimlich beim Stammtischbier miternähren.

WÜRMER, AUCH BEISSWÜRMER, SCHINDWÜRMER

Schindwürmer oder Beißwürmer sind giftige Nattern oder Kreuzottern, die in Almgegenden recht oft auftreten. In Rofen waren die Bauern auf den hochgelegenen Höfen einmal arg von dieser Plage betroffen:

DER WEISSE SCHINDWURM

Auf den Rofener Höfen wussten sich einst die Leute fast nicht mehr zu helfen vor lauter solch giftigem Gewürm. Im Keller, im Hause sah man sie, im Stalle sogen sie sogar den Kühen die Milch aus dem Euter. Die Dirnen getrauten sich gar nicht aufs Feld zu gehen, weil es in den Wassergräben und im Gras überall solche Würmer gab. Schon manche hatte einen giftigen Biss erhalten. Die Knechte rückten wohl mit Knütteln und Stöcken aus, aber es half nicht viel: Hatten sie zehn von ihnen erschlagen, kamen zwanzig neue dazu. Sie wussten keinen Rat mehr gegen die Plage.

Da kam einmal übers Joch her ein Mandl dahergelaufen. Die Rofner klagten ihm ihr Anliegen. »Ja«, sagte der Fremde, »ich kann sie schon vernichten, wenn kein weißer Schindwurm dabei ist.« »Nein, nein«, log der Bauer, »einen weißen haben wir nie

---

[44] restbiersaugende

gesehen.« Er versprach dem Fremden viel, viel zum Lohne, wenn er Rofen von dieser Plage befreie.

Der Schlangentöter ging am nächsten Morgen eine halbe Stunde weiter durchs Tal hinein, schichtete dort einen großen Haufen Holz auf und zündete ihn an. Er aber stellte sich daneben auf einen großen Steinblock hinauf, in die eine Hand nahm er sein Zauberbüchlein, in die andere seinen Zauberstab. Nun fing er an, die Schlangen zu beschwören nach allen Windrichtungen. Dann zog er sein Pfeifchen aus der Tasche und pfiff. Da wurde es in allen Wiesen und Walen lebendig und eine Unzahl Beißwürmer eilte aufs Feuer zu und stürzte sich hinein. Ja, auch aus den Häusern und Ställen, aus der Falbe von der Zwerchwand herüber, aus dem Rofenberg heraus, ja auch aus dem Niedertale her kamen sie und alle liefen ins Feuer. Da tat es auf einmal aus dem Niedertal heraus einen grellen Pfiff. Zu Tode erschrocken rief der Mann: »Jetzt bin ich hin!« Und schon sauste der gefürchtete weiße Schindwurm mit einem grünen Kränzlein auf dem Kopf, der Schlangenkönig, im Fluge herbei und fuhr dem Zauberer wie glühendes Eisen mitten durch den Leib. Alle Beißwürmer, aber auch der Banner waren tot.

EIN X, MIT DER AXT IN EINEN BAUMSTUMPF GESCHLAGEN ...

... ermöglicht es Geistern aus der Anderwelt, sich hier niederzusetzen, zu verweilen und sich auszuruhen.

Ein Kreuzweg hat auch die Form des X und gilt als ein mystischer Ort, an dem Vorhersagen getroffen werden, also die Zukunft »gelost« werden kann.

Funktional betrachtet ist ein Kreuzweg ein Ort, an dem drei Optionen für das Weitergehen oder -fahren möglich sind. Die Weggabelung oder der Kreuzweg ist ein Platz, an dem eine Entscheidung getroffen werden muss. Die vierte Option wäre die Rückkehr.

In früheren Zeiten, ohne Landkarten oder Orientierungsmöglichkeiten, war ein Kreuzweg ein Ort, der mit Unsicherheit oder Zweifel besetzt war. Kann man einem Ratgeber vertrauen, dass er den richtigen Weg vorschlägt? Trügt der Orientierungssinn?

Übertragen steht jeder Mensch in einer multioptionalen Gesellschaft täglich vor dem Kreuz, entscheiden zu müssen. Hat er sich dabei einmal falsch entschieden, stehen all die anderen Möglichkeiten spöttisch auf und rufen: Warum hast du nicht meinen Weg gewählt?

Brot wurde mit einem Kreuz gezeichnet, um es zu schützen oder zu segnen.

Das Andreaskreuz vor Bahnübergängen warnt vor dem Zugverkehr. Am Dreikönigstag wird die Haustüre mit der Kreideinschrift

C ✣ M ✣ B

gekennzeichnet. An Kreuzwegen finden sich sehr oft Kapellen, Marterl und Wegkreuze, die selbst einen **ungläubigen Dammerl** zum Innehalten, Nachdenken oder gar zur Meditation anregen können. Sich die Zeit für die Abwägung einer Entscheidung zu nehmen, schadet meistens nicht.

YAKS UND YETI

Yaks werden mittlerweile auf verschiedenen Almen gezüchtet, das Auftauchen von Yetis im Alpenraum ist aber nicht belegbar. Auch Sagen über Yetis, die im Himalaya häufig sind, gibt es im alpinen Bereich nicht. Grasende Yaks und ausgestellte Yetis kann man aber in manchen Museen von Reinhold Messner direkt nebeneinander vorfinden.

Ye bedeutet im Tibetischen Fels und *The* Tier.

Der Yeti wird als zwei bis drei Meter großes und über 200 Kilogramm schweres Wesen beschrieben, seine Fußabdrücke messen bis zu 43 Zentimeter Länge. Lepcha und Tibeter beschreiben ihn als Affentier mit einem eiförmigen und spitz zulaufenden Schädel sowie kärglicher, rötlicher Behaarung. Die Fußabdrücke im Schnee wurden mehrmals und von unterschiedlichen Himalaya-Expeditionen auf 5000 bis 7000 Metern Höhe entdeckt und über längere Strecken nachverfolgt.

Manche Kryptozoologen nehmen an, es handele sich beim Yeti um einem Angehörigen einer unbekannten Homonidenart. Andere Zoologen, aber auch der Südtiroler Bergsteiger Reinhold Messner in seinem Buch *Yeti – Legende und Wirklichkeit*, vertreten die Auffassung, dass der Yeti mit dem Tibetischen Braunbären oder Tibetbären (*Ursus arctos pruinosus*) identisch sei. So sei in einigen Himalaya-Sprachen »Yeti« das Wort für »Bär«.

Auch im sibirischen Altai-Gebirge wurden Yeti-Spuren gesichtet: Die Verwaltungsbehörde der sibirischen Oblast Kemerowo teilte 2011 mit, ein internationales Forscherteam habe auf einer Expedition im Altai-Gebirge Spuren des Schneemenschen, Markierungen, Kot und sogar seine Schlafstätte mit Haarresten gefunden.

In Bhutan schärft man den Kindern ein, sie sollen brav sein, sonst hole sie der Yeti. Diese Art schwarzer Pädagogik erinnert an die Drohungen mit Krampussen, der Wilden Jagd oder der Percht in Altbayern und angrenzenden Regionen.

Wie man sich bei einer Begegnung mit einem Yeti verhalten muss, hängt von dessen Geschlecht ab, behauptet der Schriftsteller Tshering Tashi: »Wenn es ein männlicher Yeti ist, sagten uns unsere Großeltern, sollen wir bergauf laufen. Der Grund ist, dass er haarig ist und beim Aufstieg über seine Haare stolpert. Vor einem weiblichen Yeti solle man hingegen bergab davonlaufen, da so die großen, tief hängenden Brüste des Wesens es behinderten.«[45]

Zum Schutz des »Schneemenschen« wurde in Bhutan ein Rückzugsgebiet für ihn ausgewiesen. Es ist zu hoffen, dass der Yeti dort glücklich leben kann.

---

[45] Badische Zeitung, 14. Januar 2019

ZLATOROG

In den südöstlichen slowenischen Alpen, unter den Zinnen des Triglav, wohnen drei Berggöttinnen, die Rojenice, die einen schönen Garten pflegen, in dem die Triglavrose gedeiht. Auf den Halden leben Almgeister und Zwerge, sie springen voll Freude zum Baden in die »Sieben Seen«, die wie an einer Perlenkette aufgereiht am Weg zum Gipfel liegen. Sie plätschern darin herum und necken die Wasserfeen und geben ihnen eigentümliche Namen.

Das weite Gelände der Berggöttinnen ist für Menschen nicht sichtbar und kann nicht betreten werden, denn es wird von einem Rudel weißer Gämsen bewacht. Ihr Leitbock heißt Zlatorog, den man sofort an seinen goldenen Krickeln[46] erkennt. Wagt es ein Mensch, sich den Gärten der Rojenice zu nähern, dann lösen die Gämsen in den hohen Wänden Steinschlag aus und aus Zlatorogs goldenen Hörnern sprühen Blitze. Wird er angeschossen, so wächst in seiner Wunde die rote Triglavrose und heilt sofort die Verletzungen dieses Göttertiers. Einem Jäger wird es kaum gelingen, Zlatorog mit einem Meisterschuss zu erledigen. Sollte es ihm aber doch glücken, so kann er mit dem in eine Wünschelrute verwandelten Gehörn die Zauberhöhle im Berge

---

[46] zu Deutsch daher »Goldhorn«

Bogatin öffnen, in der so viele Schätze liegen, dass man sie mit 700 Wagen nicht aus dem Tal schaffen kann. Dieser Schatz ist bis heute nicht geborgen worden. Aber am Triglav wird in 700 Jahren eine Tanne auf einem Felsenhang wachsen, aus deren Holz wird eine Wiege geschnitzt werden, und das Kind, das darin liegt, wird den Schatz des Bogatinbergs heben können. Bis dahin heißt es abwarten und ein Bier aus der Zlatorog-Brauerei trinken.

ZWERGE

Zwerge kommen ebenso wie Riesen in vielen Sagen vor. Sie bewohnen unterirdische Höhlen, Bergwerke und Stollen. Zwerge sind arbeitsam, strebsam und helfen oftmals den Menschen durch unaufgeforderte Erledigung von Dienstleistungen. Manchmal bringt ihre Hilfe aber auch Schaden. Zwerge bilden unter ihrem jeweiligen Zwergenkönig ein folgsames, geordnetes, untertäniges Volk. Es gibt ihrer weiße und schwarze, männliche und weibliche und sie erreichen ein hohes Alter.

Zwerge können sich unter Tarn- und Nebelkappen unsichtbar machen, die Zukunft vorhersehen und voraussagen. Zwerge haben uralte, vertrocknete Gesichter und gehen in unscheinbaren, graulodenen Kleidern umher. Sie besuchen in geordnetem Zug bisweilen nächtens entlegene Gnadenorte oder Wallfahrtskirchen, diese sind dann hell erleuchtet und wunderschönes Orgelspiel und Gesang ist zu vernehmen. Sollten Menschen diesen Gottesdienst stören, setzen sie sich großer Gefahr aus: Einer alten Frau, die eine Stunde zu früh in die Kirche ging und in eine Zwergenmesse geriet, wurde die Schürze zerrissen, sie selbst konnte sich noch schreckensbleich retten. Unter den Zwergen meinte sie, ihre verstorbene »Godin« (Patin) erkannt zu haben. Ein Mesner, der versehentlich eine Stunde zu früh die Morgenglocke läutete und die Zwergenandacht unterbrach, starb bald danach.

Geschenken von Zwergen ist nicht immer zu trauen:

Einmal kam ein Fuhrmann an einer Zwergenhöhle vorbei und sah die Zwerge gerade Zelten backen. Auf seine Bitte gaben sie ihm einen Zelten ab und sagten dazu, an diesem Brot könne er sich zeitlebens sattessen, ohne nach anderer Speise zu verlangen. Er dürfe aber niemandem verraten, woher er es habe. Der Fuhrmann aß von dem Zelten zwei Wochen lang und fühlte seinen Magen immer wohlig gefüllt. Auch plagte ihn kein Verlangen nach irgendeiner anderen Speise oder anderem Geschmack. Seinen neugierig gewordenen Fuhrleute-Kameraden blieb das nicht verborgen und sie bedrängten ihn so lange, bis er sein Geheimnis preisgab. Da ergriff ihn augenblicks ein unbändiges, quälendes Verlangen, das er mit keiner Speise mehr zu besänftigen vermochte. Er konnte von nichts mehr satt werden und musste trotz gewaltiger Nahrungsaufnahme elendiglich verhungern.

Lärm ist den Zwergen sehr zuwider, auch Juchzer, Jodler, lautes Schreien, Fluchen und Peitschenknallen ist ihnen verhasst. Sie reagieren mit fluchtartigem Verlassen ihrer Behausungen. Solche Auswanderungen der Zwerge sind von vielen Orten im Lande bezeugt:

»Seit der Teufel das Jodeln und Juchzen aufgebracht hat«, sagte einmal ein Zwerg in der Gegend von Reichraming zu einem vorübergehenden Mann, »lassen wir uns im Freien nicht mehr blicken.« Und einer Schwaigerin, die gerade darüber nachdachte, warum die Zwerge nicht mehr auf ihre Alm kämen, trat unversehens einer in den Weg und sagte, als hätte er ihre Gedanken erraten: »Schuld seid ihr Menschen, weil ihr die Riemengeißel erfunden habt, das können wir nicht ansehen, wie das Vieh damit geschlagen wird!«

Zwerge bewohnten einst den gesamten Alpenraum, insbesondere Sagenberge wie den Untersberg oder den Rosengarten. Ihr Wesen und Tun waren aber oft zwiespältig und rätselvoll, launisch und trüglich, den Menschen manchmal ein Gewinn, des Öfteren aber mit einem Schaden an Leib und Seele verbunden.

NACHTRAG 1:

Der Postbus öffnet die Türe an der Kehre Nummer 11 der Passstraße. Ich steige aus, schultere den Rucksack und schiebe meine Teleskopstecken auf die richtige Länge aus. Mit leichtem Zischen schließt sich die Bustür hinter mir und der Wagen fährt an. Der Sound schwerer Motorräder bei ihrer hochtourigen Bergaufjagd übertönt die Ruhe der Berge. Nach einer halben Stunde bergauf verweht diese Störung. Das Wetter bleibt stabil, die Smartphone-App zeigt Sonnensymbole. Ich gehe heute den Weg von der einfacheren Seite her zu der Unterkunft, die mir damals, vor über 40 Jahren, über Nacht Obdach gewährt hat. Im Rucksack trage ich, in Leder eingeschlagen, das graue Heft mit mir. Ich will es zu dem Platz zurückbringen, wo es mir anvertraut worden ist. Ich weiß nicht genau, ob es mir damals geschenkt oder nur geliehen, treuhänderisch anvertraut worden ist. Ob das alte Mandl noch lebt?

Auch ein Exemplar dieses Buchs habe ich dabei, frisch aus der Druckerei, dazu eine schöne Flasche Roten, einen Lagreiner, als Dankeschön. Wird das Mandl wohl annehmen, glaub ich.

NACHTRAG 2:

Das Manuskript dieses Buchs war anfangs des Jahres 2020 weitgehend fertiggestellt. Dann verbreitete sich die Corona-Pandemie über die Welt. In Europa war gerade die norditalienische Voralpenregion um Bergamo davon hart betroffen. Im Juli dieses Jahres besuchte ich die Alpe Tambo, eine Sennerei über dem Ort Splügen, in über 2000 Metern Höhe in einem großen Talkessel der Graubündener Alpen gelegen. Das Alppersonal, eine Crew aus jungen Frauen und Männern aus Baden und Bayern, hütete dort Milchkühe, Rinder und Geißen und produzierte einen hervorragenden Bündener Alpkäse. Beim Alppersonal dabei mein Sohn Basti, die Franzi mit dem kleinen Anton, unserem Enkel.

Am Abend, wenn die Kühe nach dem Melken auf der Nachtweide lagen und die Stallarbeit erledigt war, vor dem Nachtmahl, wurde der »Alpsegen« in den Talkessel hinausgesungen und gesprochen. Dazu war eigens ein hölzerner Schalltrichter gezimmert und mit Enzianbildern verziert worden, den man vor den Mund hielt und der so den Schall der Stimme auf die Weideflächen und in die Felsen des Piz Tambo hinüberleitete. Auch Gäste durften diese Zeremonie vornehmen – singend, sprechend, improvisierend. Hier der Text des Segens:

AVE MARIA
Ave, ave Maria,
es walte Gott und Maria
und alle Geister in Berg und Tal
Behüte und bewahre
Alles was auf der Alp isch und war.

Mir rufe alli Heil'ge und alle Geister
Die unser Vieh vor Krankheit,
Unfall, Blitz und Wetter schützen.

Mir rufe alli Heil'ge und alle Geister
Und alle Lit do obe und unde:
Vor Krieg und Zwietracht, vor Krankheit, Unfall
Und allene Wetter schütze und bewahret uns.

Mir rufe alli Heil'ge und alle Geister
Dass die Alp für immer stoht
Und ihr stets für unsern Keller sorgt
Milch und Käs und au der Stall
Für immer geschützt und behütet sein

Mir rufe alli Heil'ge und alle Geister
Dass des Gras noch viele Jahre wachst
Und au des Wild am Berg e Zukunft het
Und alles da e Zukunft het.

So witt die Glocke schelle
Der Blick geht
Und unsre Füß uns trage
Hoffe dass ihr uns erhöre und bewahre:
AVE MARIA

QUELLENANGABEN

Alpenburg, Johann Nepomuk Ritter von (Hrsg.): Deutsche Alpensagen, Wien 1861.

Beitl, Richard: Im Sagenwald. Neue Sagen aus Vorarlberg, Feldkirch 1953.

Depiny, Albert (Hrsg.): Oberösterreichisches Sagenbuch, Linz 1932.

Dörler Adolf-Ferdinand: Tiroler Teufelsglaube, ZfVk. 9, 1899.

Einmayr, Max: Inntaler Sagen. Sagen und Geschichten aus dem Inntal zwischen Kaisergebirge und Wasserburg, Oberaudorf 1988.

Eichelmann, Toni: Berchtesgadener Sagen, Berchtesgaden 1922.

Falkner, Christian: Sagen aus dem Ötztal, in: Ötztaler Buch (= Schlern-Schriften 229), Innsbruck 1963.

Freisauff, Ritter von: Salzburger Volkssagen, Bd. 1, Wien / Budapest / Leipzig 1880.

Heyl, Johann Adolf: Volkssagen. Bräuche und Meinungen aus Tirol. Brixen 1897.

Hoffmann-Krayer, E., Bächtold-Stäubli, H. (Hrsg.): Handwörterbuch des deutschen Aberglaubens, Berlin / Leipzig 1932.

Kollreider-Hofbauer, Maria: Die schönsten Sagen Osttirols, Innsbruck 1994.

Leitzachtalverein (Hrsg.): Das Leitzachtal. Ein Heimatbuch, 1913.

Metzler: Sagen aus dem Außerfern. In: Zeitschrift für österreichische Volkskunde 28 (5), 1894.

Neitsch, Matthias: Verschiedenste Sagen aus allen Teilen der Alpen. U. a. sagenhaftes Hinterbergertal, Sagen und Legenden aus Bad Mitterndorf, Pichl-Kainisch und Tauplitz vom Ende der Eiszeit bis zum Eisenbahnbau. Erarbeitet im Rahmen des Leader+ Projektes »KultiNat« 2005–2007 (nach www.sagen.at).

Paulitsch, Karl: Sagen und Geschichten aus Oberösterreich, Linz 1949.

Peuckert, Will-Erich: Ostalpensagen, Berlin 1963.

Silbernagel, Clemens: Sagen und Legenden aus Bayern. Atzbach 1978.

Reisers, K. A.: Sagen, Gebräuche und Sprichwörter des Allgäus. ausgewählt von Hulda Eggart, Kempten / München 1914.

Henne am Rhyn, Otto von: Die deutsche Volkssage. Leipzig 1874.

Schneller, Christian: Märchen und Sagen aus Wälschtirol, Innsbruck 1867.

Schmidt, Willibald: Sagen aus dem Isarwinkel, Bad Tölz 1936, 1979.

Schipflinger, Anton: Sagen, Bräuche und Geschichten aus dem Brixental und seiner näheren Umgebung. In: Wiener Zeitung für Volkskunde 1937 (nach www.sagen.at).

Vernaleken, Theodor: Alpensagen, Wien 1858.

Zingerle, Ignaz Vinzenz: Sagen, Märchen und Gebräuche aus Tirol, Innsbruck 1859.